Les damnés de la terre

全世界受苦的人

[法] 弗朗兹·法农 著

汪琳 译

东方出版中心

本书为教育部人文社会科学研究青年基金项目“‘一带一路’背景下我国对非洲文学的译介研究”(18YJC740091)、浙江省哲学社会科学规划重点课题“非洲文学在中国的译介研究”(18NDJC039Z)、国家社会科学基金重大项目“非洲法语文学翻译与研究”(20&ZD292)、上海市“世界文学多样性与文明互鉴”创新团队的阶段性成果。

目录

第一章　论暴力

民族解放，民族复兴，属于人民的国家重建，英联邦，不管使用什么样的称谓，或引进什么样的新用语，非殖民化始终是一种暴力现象。无论我们从哪个层面进行研究：个人间的交往，体育俱乐部的新名称，出席鸡尾酒会的宾客，警局的警察，国有或私立银行的董事会，简单来说，非殖民化就是由一“类”人替代另一“类”人。没有过渡，而是全部的、完整的、绝对的替代。当然，我们也可以描绘一个新民族的涌现，一个新国家的建立，包括其外交关系、政治方向、经济趋势等，但我们偏偏选择讨论这种白板状态，这种从一开始就定义了所有非殖民化的白板状态。其非同寻常的重要性在于，从第一天开始，非殖民化就构成了被殖民者最基本的诉求。老实说，取得成功的证明，在于社会全貌发生了彻底改变。这种改变是人们想要的、需要的、必要的，因而格外重要。改变的必要性存在于被殖民男女的意识和生活中，处于原始、冲动、强制的状态。但在另一“类”男女的意识中，可能发生的改变意味着可怕的未来，这一类男女就是殖民者。

我们可以看到，企图改变世界秩序的非殖民化是一种全然无序的日程。但非殖民化也不可能是一种神奇的操作、一场自然的震动或是一份友好协议的结果。我们知道，非殖民化是个历史的过程：也就是说，只有当我们辨别出赋予其形式和内容的历史化运动时，它才能被理解，找到自身的含义，使自身变成半透明状。非殖民化是两股天生敌对的势力之间的交战，两股势力的独特性均提取自殖民情境所分泌和提供的养分。两股势力在暴力中展开第一次对抗，并在大量刺刀及大炮的作用下继续共处——更确切地说，是指殖民者剥削被殖民者的共处状态。殖民者和被殖民者是老相识了。因此，殖民者说他们认识“对方”，这话没错。是殖民者“造就了”并“继续造就”被殖民者。殖民者从殖民体制中提取自身的真实性，即他们的财富。

非殖民化绝不可能不为人知，因为它聚焦于人的存在，且深刻地改变人的存在。它将被压垮至不具本质性的观众，变成享有特权的演员，以一种几乎宏大的方式站在历史的聚光灯下。它引入一种由新人类带来的节奏，一种新的语言，一种新的人道。非殖民化真正创造了新人类。但这种创造无法归功于任何超自然的力量：被殖民的“东西”，在自我解放的过程中，变成了人。

因此，在非殖民化的过程中，需要全盘重新审视殖民情境。如果我们想要精准地阐述其定义，“在后的将要在前”[①] 这句名言恰如其分。非殖民化验证了这句名言。这就是为什么仅就描述层面而言，所有的非殖民化都是一种成功。

非殖民化赤裸裸地出现，透过其全部气孔，让人窥见烧红了的子弹和血淋淋的大刀。因为倘若在后的必须在前，那么两个主角之间必然经历过一场决定性的致命对抗。倘若意欲坚定，要使在后的排到前头，使他们在定义了组织型社会的著名等级阶梯上向上爬（有人说，速度过快），那就必须在天平上放上所有手段做砝码，其中，当然包括暴力。

如果我们没有在一开始，也就是列出计划的时候，就下定决心，要扫除路上遇到的一切障碍，那么我们是无法带着这样的计划瓦解一个社会的，无论这个社会有多么原

① ［译注］原句为“Les derniers seront les premiers”，出自《马太福音》第 20 章第 16 节“这样，那在后的将要在前，在前的将要在后了”。

始。被殖民者决心实现这个计划，将其变为动力，便随时准备使用暴力。被殖民者从一出生就清楚地知道，这是个变得狭窄的世界，到处都是禁令，只有使用绝对的暴力，才能重新审视这个世界。

殖民地世界是个分隔的世界。在描述层面，我们也许无须浪费口舌，重提土著人城市和欧洲人城市，土著人上的学校和欧洲人上的学校，或重提南非的“种族隔离”。但当我们深入这种分隔的内部，我们至少能够标出其中的几条力线。走进殖民地世界，走进这个世界的安排和地理布局，能够使我们划定界限，并据此重新组织非殖民化的社会。

被殖民的世界是个一分为二的世界。分界线的边境上是兵营和警察局。在殖民地，警察和士兵是被殖民者合法且官方的对话者，是殖民者和压迫制度的代言人。在资本主义社会中，宗教或世俗的教育、父传子的道德反思教育、工人在五十年优良和忠诚的服务后获颁的诚实楷模奖章、对和谐与智慧的热爱，这些遵守既定秩序的美德模式，在被剥削者周围营造出一种顺从又抑制的氛围，大大减轻了警察的工作量。在资本主义国家，在被剥削者和权力之间，有许多道德学教授、顾问和“导正专家”。相反，在殖民地，警察或士兵会立刻出现，直接且频繁地介入，保持和被殖民者的接触，用枪和凝固汽油弹威吓，警告被殖民者不许动。我们可以看到，权力的中间人使用一种纯粹暴力的语言。中间人并不减轻压迫，也不掩盖控制。他把压迫和控制袒露出来，心安理得地使用武力。中间人把暴力带到了被压迫者的家里和头脑中。

被殖民者与殖民者居住的地带并不互补。两个地带互相对立，但这种对立不是服务于更高的统一。这两个地带受亚里士多德学说式的纯粹逻辑支配，都遵从相互排斥的原则：没有和解的可能，二者必有一余。殖民者的城市是用石头和钢筋打造的铜墙铁壁，那里灯火通明，柏油铺路，垃圾箱里总是装满不知名的残渣。可即便是残渣，被殖民者也从未见过，甚至从未梦到过。殖民者的脚从来不会裸露出来，除非是要下海游泳，但我们绝不可能离他们那么近。结实的鞋子保护殖民者的脚，城市的街道干净光滑，没有坑洼，没有石子。殖民者的城市是一座吃饱喝足的城市，总是懒洋洋的，肚子里装满好东西。殖民者的城市是白人的、外国人的城市。

被殖民者的城市，或至少可以说，土著人的城市、黑人的村子、伊斯兰教徒区、划给当地原住民的保留地，则是声名狼藉的地方，住满了声名狼藉的人。在那儿的出生不讲究地方，不讲究方式。在那儿的死亡不讲究地方，不讲究原因。这是个没有间隔的世界，人挨着人，茅屋挨着茅屋。被殖民者的城市是一座饥饿的城市，渴望着面包、肉、鞋子、煤炭、光明。被殖民者的城市是一座蹲下的城市，一座跪下的城市，一座躺下的城市。这是黑人的城市，阿拉伯人①的城市。被殖民者投向殖民者城市的目光是猥琐的、嫉妒的。梦想着占有。用尽所有占有的方式：坐在殖民者的桌旁，躺在殖民者的床上，可能的话，和殖民者的妻子睡觉。被殖民者是嫉妒的。这一点，殖民者不是不知道，他们曾撞见过被殖民者已然失控的目光，他们始终保持警惕，但不无苦涩地承认："他们想占据我们的位置。"确实，一个被殖民者每天至少一次梦想处在殖民者的位置上。

这个分隔的世界，一分为二的世界，住着不同类别的人。殖民环境的特殊之处在于：经济现实、不平等、生活方式的极大差异，永远都无法掩盖人类的现实。我们审视殖民环境的时候会发现，显然，分隔这世界的标准，首先是属于或不属于这个类别、这个种族。在殖民地，经济的下层建筑同样是上层建筑，因就是果：因为是白人，所以富有；因为富有，所以是白人。因此，每当涉及殖民地问题的时候，马克思主义的分析总是应该适当放宽标准。一切都需要重新思考，甚至是马克思曾深入研究过的前资本主义社会的概念。农奴的本质不同于骑士，但要证明这种地位差异的合理性，就必须参考神权。在殖民地，从别处

① ［译注］本文中的"阿拉伯人"主要指北非马格里布地区的居民，该地区在历史上深受阿拉伯文化的影响，因此常被撒哈拉以南非洲的居民称为"阿拉伯人"。

来的外国人借助枪炮和机器定居下来。尽管他们成功地驯服土著，将土地占为己有，但他们始终是外国人。构成“统治阶级”首要特征的，不是工厂，不是财产，也不是银行账户。统治族群的首要特征是来自别处，他们是与当地人相异的“他者”（les autres）。

暴力主宰了殖民地世界的布局，不断破坏当地的社会形态，毫无保留地摧毁了经济的参照体系，以及外表和衣着的风尚。然而，当被殖民者决定掌控历史，奋力冲进原本他们无法进入的城市时，主张暴力并践行暴力的，会是被殖民者。从此以后，炸毁殖民地世界变成了一个十分清晰、易于理解的行动意象，能够被构成殖民地民族的每个个体掌握。瓦解殖民地世界，并不意味着在废除边界线后，我们会在两个地带之间设置通道。摧毁殖民地世界，不多不少，就是取消一个地带，将其埋进土地的最深处，或将其从自己的领土上赶出去。

被殖民者对殖民地世界提出质疑，并非观点上的理性较量。那不是关于一般概念的论述，而是被殖民者在狂热地肯定，他们的世界拥有几乎绝对的独特性。殖民地世界是个善恶二元论的世界。殖民者借助警察和宪兵，在物质上限定被殖民者的空间。但不只如此，就像是为了阐明殖民剥削的极权特征，殖民者把被殖民者描述成一种恶的集结[①]。被殖民者的社会被描述成一个没有道德标准的社会。殖民者断言，在殖民地世界，道德标准不是被抛弃了，就是从来没有存在过。更甚者，殖民者宣称，土著对伦理学漠不关心，缺乏道德标准，也忽视道德标准。要是说得大胆一些，甚至可以断定，土著是道德标准的敌人。就此意义而言，土著是绝对的恶。土著是腐蚀成分，破坏一切接近他们的东西；土著是歪曲成分，使一切与美学或道德有关的东西变形；土著是邪恶势力的托管人，是盲目势力无意识且无可救药的工具。梅耶先生（M. Meyer）在法国国会上严肃地说，不能让阿尔及利亚人民进入共和国，他们会玷污共和国。的确，道德标准自从与被殖民者接触之后，就不可逆转地中了毒，被污染了。被殖民者的风俗、传统、神话，尤其是他们的神话，就是贫穷与制度败坏的标志。这也是为何要把两件事放在同一个层面上来看：一是消灭寄生虫的 DDT 农药，寄生虫是疾病的传播媒介；二是基督教，能将异端邪说、本性、邪恶扼杀在摇篮里。黄热病的消退和福音布道的进步，两者写在同一张资产负债表上。传教团捷报频传，说明在被殖民者内部引入异化因素的重要性。我说的就是基督教，应该没有人会对此感到惊讶。殖民地的教会是白人的教会，外国

① 我们在《黑皮肤，白面具》（*Peau noire*，*Masques blancs*，éditions du Seuil）中描写过这个善恶二元论世界的机制。

人的教会。教会没有召唤被殖民者走向上帝，而是走向白人，走向主人，走向压迫者。众所周知，在这一段历程中，受召唤者众多，却很少有人入选。

有时候，这种善恶二元论竟达到其逻辑的极限，使被殖民者失去人性。确切地说，使被殖民者兽化。因此，当殖民者谈起被殖民者时，他们用动物学的语言，来影射黄色生物的爬行动作、土著城市散发的气味、游牧部落、恶臭、大量繁殖、乱攒乱动、手舞足蹈。当殖民者想准确描述，或寻找一个恰当的字眼时，常常会参考动物寓言集。欧洲人很少依靠“形象化的”词。当被殖民者领悟了殖民者的计划，理解了别人对他们的责难，便立刻知道对方在想什么。这急速上升的人口曲线图，歇斯底里的民众，找不到一丝人性的脸庞，胖得无可比拟的身躯，不见头也不见尾的队伍，似乎不属于任何人的孩子，摊在阳光底下的懒散，植物般的生活节奏，所有这一切都构成了殖民地词汇的一部分。戴高乐将军提到“黄色人群”，莫里亚克先生（M. Mauriac）则说黑色、棕色、黄色的群众不久就要势如潮涌。被殖民者知道这一切，每当他们发现自己在别人的嘴里成了动物，就会哈哈大笑。因为他们知道自己不是动物。更确切地说，在他们发现自身人性的同时，他们就擦亮武器，准备战斗，要让自己身上的人性获胜。

一旦被殖民者拉紧缆绳，使殖民者担心，后者就会派去一些善良的灵魂，在“文化大会”上向他们宣传西方价值的特殊性及丰富性。但每次听到西方价值，被殖民者就会身体僵硬、肌肉痉挛。在非殖民化时期，殖民者则呼吁被殖民者的理性。殖民者建议被殖民者采用可靠的价值，滔滔不绝地向他们解释，非殖民化不该意味着倒退，而应该建立在一些经过试验的、牢靠的、受到重视的价值基础上。然而现在的情况是，当被殖民者听到有关西方文化的言论，他们会抽出自己的大砍刀，或至少要保证刀就在手边。白人的价值之所以至高无上，是因为受到了暴力的保护。这些价值侵略性十足，在对抗中获胜，改变了被殖民者的生活或思考方式。殖民者在被殖民者面前提起这些价值时，只会换来后者的冷笑。在殖民环境中，被殖民者只有高声且清楚地承认白人价值的至高无上，殖民者才会停止攻击。在非殖民化时期，被殖民者对这些价值不屑一顾，高声咒骂，大口呕出。

这种现象通常被掩盖起来，因为在非殖民化时期，一些被殖民的知识分子已经与殖民国家的资产阶级建立了对话关系。在此期间，当地居民对殖民者来说，都是面貌模糊的群众。殖民国家的资产阶级在这里或那里碰巧认识的几个土著，不足以影响到这种瞬时的感知，使他们分辨土著之间的细微差别。相反，在解放时期，殖民国家的资产阶级热切地寻求与这些社会“精英”接触。有关价值的著名对话，就是在他们与这些本土精英之间产生的。当殖民国家的资产阶级意识到自己不可能维持在殖民地国家的统治时，便决定在文化、价值观及技术等阵地上组织后卫战。然而，绝不应忽视的一点是，绝大多数被殖民者对这些问题毫不关心。被殖民者认为，最重要的价值首先是土地，因为这是最具体的：土地能保证面包，也因此能保证尊严。但这里的尊严与作为“有人性的人”的尊严毫不相关。他们从未听说过这个理想的人。被殖民者在自己的土地上看到的，是殖民者可以抓他们，打他们，让他们挨饿；他们从未见过有哪个道德学教授或哪个神父过来替他们挨打，同他们分享面包。对被殖民者而言，做个道德学家，实际上就是要遏制殖民者的傲慢，粉碎他们行使的暴力，简而言之，就是彻底地将殖民者从图景中驱逐出去。只有被殖民者提出，自己与殖民者是同等的人，人人平等这一著名原则才会在殖民地得以阐明。更进一步说，被殖民者为了能超过殖民者而战斗。事实上，被殖民者已经决定代替殖民者，占据他们的位置。正如我们所见，整个物质和道德的世界正在崩塌。就自身而言，知识分子认同殖民者抽象的普遍性价值观，会为了使殖民者和被殖民者在新世界和平相处而奋斗。确切地说，殖民主义已经渗入知识分子的所有思考方式，可知识分子看不见的是，一旦殖民环境消失，殖民者就没有兴趣再留在这儿和他们共处了。正如阿尔及利亚政府和法国政府还没开始谈判，在阿尔及利亚定居的少数所谓欧洲“自由主义者”就已经阐明了立场：他们不多不少，只要求双重国籍身份。正是因为殖民者总是局限于抽象层面，他们才被迫要以极为具体的方式跃进未知之地。这么说吧，殖民者清清楚楚地知道，再华丽的辞藻也无法代替现实。

于是，被殖民者发现，他们的生命、呼吸、心跳和殖民者的一样。他们发现殖民者的一条命并不比土著的一条命更值钱。这一发现使他们的世界大为震动。被殖民者由此在心中产生一种全新的、革命性的自信。如果说我的生命确实和殖民者的生命一样重要，那么他的目光就不会再压垮我，让我动弹不得，他的声音不会再令我僵化。我面对他时不会再不知所措。实际上，我已经不把他放在眼里了。在他面前，我不会再局促不安，不仅如此，我还为他设下陷阱，不久以后，除了逃跑，他没有别的出路。

我们说过，殖民环境的特点就是将世界一分为二。非殖民化做了一个激进的决定：根除所有异质部分，在民族的基础上，有时是种族的基础上统一这个世界。我们都知道，塞内加尔的爱国者在提到他们的总统桑戈尔①的手腕时，曾说过这样一句冷酷无情的话："我们要求管理人员非洲化，结果桑戈尔使欧洲人非洲化了。"意思是说，被

---

① ［译注］列奥波尔德·赛达·桑戈尔（Léopold Sédar Senghor，1906—2001），塞内加尔国父，非洲著名政治家、思想家、文学家，创作了大量诗歌，1960—1980 年任塞内加尔总统，"黑人性"思想与非洲统一组织创始人之一，被公认为 20 世纪非洲最重要的知识分子之一。

殖民者有可能立刻察觉到非殖民化是否正在发生，因为在后的居前是最起码的要求。

但是，被殖民的知识分子给这一请愿带来了变数。事实上他们不乏动机：行政干部、技术干部、专家。他们得到特殊照顾，却依旧认为自己受到了怠慢和轻视，到处都可能听到被殖民者这样说："早知道，当初就不必独立……"

如果在被殖民地区进行过真正的解放斗争，人民流过血，武装斗争的时间足够长，促使知识分子回到人民群众中去，我们就会见到，知识分子从殖民主义资产阶级那汲取的上层建筑被真正根除。殖民主义资产阶级借助其大学教员，在自我陶醉的独白中，已经在被殖民者的脑海中深深刻下这样的思想：人类尽管会犯各种错误，本质依然是不朽的。当然这里指的是西方的本质。被殖民者接受了这些思想的合理性，我们能够在他们大脑的褶皱中，发现一个捍卫着希腊拉丁根基的警惕哨兵。然而在解放斗争时期，当被殖民的知识分子重新接触他们的人民，仿制的哨兵就被粉碎了。所有的地中海价值，关于人性、光明与美丽的胜利，都变成了死气沉沉、褪去颜色的小玩意。所有这些冠冕堂皇的演说都是空洞词汇的组合。那些使灵魂变得高贵的价值与人民的具体战斗无关，因而事实上毫无用处。

首先是个人主义。被殖民的知识分子从他们的主人那里学到，个人必须显现出来。在被殖民者的思想中，殖民主义资产阶级一记记杵下这样的观念：在个体社会里，每个人都封闭在自身主观性中，财富就是思想的富有。然而在解放斗争期间，被殖民者如果有机会隐匿在人民当中，就会发现这一理论的谬误之处。斗争的组织形式向他们展现了一个非同寻常的词汇表。兄弟、姐妹、同志，这些是被殖民主义资产阶级禁止的字眼，因为对他们来说，我的钱包就是我的兄弟，我的手段就是我的同志。被殖民的知识分子在一种类似火刑的判决仪式中，目睹了自己的所有偶像被烧成灰烬：自私自利，骄傲的辩驳，总想在辩论中获胜的那种幼稚且愚蠢的好胜心。被殖民的知识分子一面被殖民主义的文化辐射灼伤，一面也看到村民大会坚实可靠，人民委员会密布各地，地区与支部会议超乎寻常的频繁。此后，个人的事务不断地变成大家的事务。因为就具体情况而言，要么“大家”都被法国的外籍军团发现，继而被杀害，要么“大家”都得救。在这种情况下，“人人为己”这种无神论的救赎方式是被禁止的。

最近这段时间，有关自我批评的讨论很多：但我们是否知道，自我批评首先是一种非洲机制？无论是北非的长老会议，还是西非的集会，一个村子里爆发冲突时，传统的做法是当众辩论。自我批评当然是集体形式的，但气氛略带幽默，因为大家都很放松，所有人最终想要的结果都一样。随着知识分子深入人民群众，他们渐渐抛弃了算计、异常的沉默、不可告人的想法、小聪明、秘密等。我们因此可以这样说，在这个层面上，集体已经获胜，正发出属于自己的光芒，诉说属于自己的理性。

但有时，非殖民化也会在一些尚未被解放斗争充分撼动的地区发生，我们便又能见到那些机灵、狡猾、精明的知识分子。我们能在其身上完整无缺地找到，他们在与殖民主义资产阶级交往过程中捡拾来的举止和思考方式。他们昨日是殖民主义的宠儿，今天又摇身一变，成为国家权力的骄子，组织了对某些国家资源的掠夺。他们冷酷无情，通过各种手段或合法的窃取，爬上高位，趴在今天依然贫困的国家身上，大搞进出口贸易，开股份有限公司，玩弄股票市场，享受特殊待遇。他们再三要求将商业国有化，声称要把市场和良机独留给国民。他们利用学说支撑自己的主张，急切地要把从国家窃取的赃物国有化。在冷酷无情的国有时期，在所谓的严峻阶段，他们成功的掠夺很快引起人民的愤怒和暴力。在非洲和国际的当前情况下，贫困和独立的人民加快步伐，促进社会意识的觉醒。这一点，那些卑鄙的个人主义者很快就会明白。

为了同化压迫者的文化，在其中冒险，被殖民者不得不提供一些抵押品。其中，他们不得不使用殖民主义资产阶级的思考方式。我们从被殖民的知识分子没有谈话能力这一点就可以看出来。因为他们在面对一个对象或一种观念时，不知道如何使自己退出中心位置，变得没那么重要。相反，当他们在人民内部战斗时，他们会惊讶连连。他们被人民的正直和诚实感染，完全解除了武装。但他们身边始终有一种威胁在暗中窥伺，那就是民众主义[①]。他们变成一个随声附和的人，同意人民说的每一句话，将人民视作真理的审判者。然而农民、失业者、挨饿者不会追求真理。他们不会说自己是真理，因为他们的存在本身就是真理。

在这一时期，知识分子就像是普通的机会主义者，表现得相当客观。可事实上，他们没有停止耍手段。对人民而言，问题从来不是将他们拒之门外，或使他们走投无路。人民的要求是一切共有。被殖民的知识分子融入人民大潮的过程将出现延迟，因为他们身上带有对细节的奇特崇拜。人民并非抗拒分析。人民喜欢听到别人对自己解释，喜欢理解论证的逐条陈述，喜欢观察论证走向何方。但被殖民的知识分子在与人民共处的初期，总是将细枝末节置于首位，甚至忘记了殖民主义的失败正是斗争本身的目标。知识分子被卷入多种形式的斗争运动，倾向于地方性任务，干得热火朝天，却总显得过于大张旗鼓。他们不是时时刻刻都能看清全局。他们将学科、专业、领域的概念引入人民革命这台恐怖的搅拌机和粉碎机当中。由于集

---

① ［译注］民众主义（populisme），又译“民粹主义”，与“精英主义”相对，无明确定义，强调以民众为社会主体开展各种社会活动和资源分配，缩小人与人之间的差距，达到共同繁荣的目的。

中在一些具体的前线问题上，他们有时会看不到运动全局的统一性，在遇到局部失利的时候，禁不住开始怀疑，甚至陷入绝望。相反，人民从一开始就采取了全局性的立场。土地和面包：如何能获得土地和面包？人民坚持的这一角度从表面上看是局限的、狭隘的，但归根结底，却是最丰富也最有效的操作典范。

真理问题同样应该引起我们的关注。在人民内部，任何时候，真理只归于国民。没有任何绝对的真理、任何有关灵魂坦荡的论述，能够破坏这一立场。被殖民者以同样的谎言，回答有关殖民地情境的谎言。他们的行为对国民来说是坦诚开放的，对殖民者来说是僵硬模糊的。真实，就是那些加速殖民统治崩溃、促进国家浮出历史地表的事物。真实，就是那些保护土著、击溃外国人的事物。殖民环境中，没有真实的行为。所谓好的，就是一切伤害“他们”的东西。

因此我们看到，最初支配殖民地社会的善恶二元论，在非殖民化时期被原封不动地保存下来。那是因为殖民者一直都是敌人、对立者，更确切地说，是要打倒的人。压迫者在自己的地带组织行动，统治、剥削、掠夺的行动；在另一个地带，被剥削、被殖民的东西蜷缩着，尽己所能供养这种行动，毫无过渡地从殖民地的陡峭河岸到“宗主国”的宫殿和码头。在这停滞不动的地带，表面十分平静，棕榈树在云下摇曳，海浪拍打着鹅卵石，原材料来来往往，证明着殖民者存在的合法性；被殖民者则蹲着，半死不活的样子，永远做着同一个梦。殖民者谱写历史。他们的生命是一部史诗，一部历险记。他们是绝对的开端："这片土地是我们造就的。"他们是延续的理由："如果我们走了，一切都会完蛋，这片土地将回到中世纪。"殖民者受重商主义驱使，表现出创新的活力，他们对面是一群麻木的人，因狂热的工作节奏与"祖先的习俗"而日渐衰落，构成几乎石化的背景。

殖民者创造历史，也知道自己在创造历史。因为他们总是参照宗主国的历史，还明确指出，他们在这里就是宗主国的延续。因此，他们写下的历史不是他们所掠夺的国家的历史，而是他们的国家在掠夺、侵犯和使人挨饿方面的历史。被殖民者只有下定决心结束殖民主义的历史、掠夺的历史，并使国家的历史、非殖民化的历史出现时，才有可能重新审视自己无法动弹的状态。

被分隔的世界，善恶二元论的世界，静止不动的世界，雕像的世界：征服这世界的将军雕像，造桥工程师的雕像。对自己充满信心的世界，正用石块压垮被鞭子抽打的脊梁。这就是殖民地世界。土著是被关进畜栏的人，"种族隔离"不过是殖民地世界的一种分隔形态。土著学会的第一件事，就是待在自己的位置上，不能跨越界线。这也是为何土著的梦都是肌肉的梦，动作的梦，攻击性的梦。我梦见自己跳跃，游泳，奔跑，攀登。我梦见自己哈哈大笑，一步跨过大河，被一堆车子追着跑，却永远不会被抓到。在殖民时期，从晚上九点到早上六点，被殖民者不停地解放自己。

这种沉积在自己肌肉里的攻击性，被殖民者首先对自己的同胞展示。在这一时期，黑人互相打架，面对北非地区惊人的犯罪行为，警察和预审法官都已经晕头转向。我们会在后文①讨论这一现象。面对殖民地的安排，被殖民者经常处于紧张状态。殖民者的世界充满敌意和拒斥，但同时又令人艳羡。我们看到，被殖民者常常梦想着处于殖民者的位置。不是变成殖民者，而是取代殖民者。这个世界充满敌意，沉重无比，咄咄逼人，粗暴地排斥被殖民群众。这个世界所代表的，不是我们想要尽快逃离的地狱，而是一个触手可及，却被凶狠的看门狗守卫着的天堂。

被殖民者始终保持警惕，由于他们很难辨识殖民地世界中的无数符号，他们从来不知道自己到底有没有跨越界线。面对殖民者安排的世界，被殖民者总是被推定为有罪。被殖民者的有罪不是承认自己有罪，而更像是一种诅

---

① 第五章“殖民地战争与精神错乱”。

咒，一把达摩克利斯之剑。然而，被殖民者在内心深处不承认任何对他们的指控。他们是被统治，不是被驯服。他们是被贬低，但并不承认自己真的低人一等。他们耐心等待着，一旦殖民者放松警惕，就会扑上去。被殖民者的肌肉一直在等待。我们不能说他们焦虑不安，或是他们害怕了。实际上，他们时刻准备抛弃自己作为猎物的角色，改当猎人。被殖民者是始终想要成为压迫者的被压迫者。那些社会符号——宪兵、响彻军营的军号声、军人的列队、高悬的旗帜——既是抑制剂，又是兴奋剂。这些符号丝毫不是在说："别动。"而是在说："好好准备你的行动。"事实上，如果被殖民者有麻痹、遗忘的趋势，那么殖民者的骄傲，及其想要检验殖民制度牢固性的顾虑，也会再三提醒他们，大决战不可能无限期延迟。这种取代殖民者位置的冲动，无时无刻不使肌肉处于紧张状态。我们知道，在当前的情绪状态下，障碍的存在其实能加快运动的发展趋势。

殖民者和被殖民者之间的关系是总量之间的关系。殖民者以力量对抗数量。殖民者是暴露狂。他们担心自己的安全，便高声提醒被殖民者："这里的主人，是我。"殖民者在被殖民者心中挑起怒火，只差临门一脚就会喷涌而出。被殖民者被锁在殖民主义的天罗地网中。但我们看到，在内部，殖民者获得的，不过是一种虚假的石化状态。被殖民者的肌肉紧张会经由一些血腥的爆发定期释放：部落之间的斗争，酋长之间的斗争，个人之间的斗争。

在个体层面上，我们目睹了对情理的真正否定。殖民者或警察可以整天殴打被殖民者，侮辱他们，让他们下跪；可倘若被殖民者看到另一个被殖民者略显敌意或挑衅的目光，他们就会拔出刀来。因为被殖民者的最后一招，就是通过对付自己的同类，来捍卫自身的人格尊严。部落间的斗争使深埋在记忆中的旧恨永远传下去。被殖民者把大量的肌肉力量消耗在复仇上，试图说服自己，殖民主义并不存在，一切如从前一样，历史仍在继续。在集体层面上，我们清楚地看到那著名的把头埋在沙子里的逃避行为，似乎被殖民者只要浸泡在同胞的鲜血中，就看不到眼前的障碍，就能推迟那不可避免的抉择，即反对殖民主义的武装斗争。在部落间的斗争中造成集体式自我毁灭的具体事件，这是被殖民者缓解肌肉紧张的途径之一。所有这些行为都是面对危险时的死亡反应、自杀行动，使殖民者的生命与统治进一步得到巩固，同时也验证了他们的看法：被殖民者都是没有理智的人。借助宗教，被殖民者成功地忽视殖民者。宿命论消除了压迫者的一切罪行，罪恶、贫困、不幸的缘由都归于上帝。个人就这样接受上帝裁定的解体，在殖民者和命运面前俯首帖耳，在内心重新平衡自己，以达到一种石块般的平静。

然而，在此期间，生活在继续。被殖民者通过恐怖的神话——这种神话在不发达社会里多如牛毛——来抑制自己的攻击性：一旦我们行错就会出现的邪恶精灵、半人半豹、半人半蛇、六足狗、僵尸等等，一系列无穷无尽的微小动物或巨人，在被殖民者周围构建出一个禁忌、障碍、抑制的世界，比殖民主义世界要可怕得多。带有魔力的上层建筑渗入土著社会，在力比多经济学[①]的动力中担任了明确的功能。不发达社会的特点之一，就是力比多首先是属于团体、家族的事务。人种学家已详尽描述过其特征：在这样的社会里，一个男人梦见自己和妻子以外的女人发生性关系，必须公开承认这个梦，并向那个女人的丈夫或受伤害的家庭交付实物赔偿，或以劳力代替。这一点同时也证明，所谓的史前社会非常重视无意识。

神话和魔法的氛围令我害怕的同时，又表现为不容置疑的现实。它令我害怕，使我融入传统，融入我的地区或部落的历史，但与此同时，它又令我安心，它给予我一个位置，一个身份。在不发达国家中，秘密的界域是独属于魔法的集体界域。我被困在这张错综复杂的网中，行动一直在清楚地重复，我的世界、我们的世界由此得以永恒。相信我，僵尸要比殖民者可怕得多。从那以后，问题不再

① ［译注］力比多经济学（économie libidinale），指欲望经济。利奥塔（Jean-François Lyotard，1924—1998）在《力比多经济学》（有人认为“经济学”一词应该译为“运作机制”）一书中，借用弗洛伊德提出的“力比多”（libido）概念来阐释自己的后现代经济学观点，认为现代社会通过家庭、车间、经济体系、国家等，将欲望捆绑到压迫性的形式中。

是让自己去适应铁甲护身的殖民主义世界，而是每次在小便、吐痰或夜间出门前，必须再三思量。

超自然的力量，魔法的力量，都表现为惊人的自我力量。我们声称殖民者是外国人，他们的力量被无限贬低。我们其实不需要反对殖民者的力量，因为神话体系中包含更可怕的不幸。我们可以看到，一切最终都是幻觉层面的永恒对抗。

从前，人民被分隔成一个个不真实的小圈子，受难以言喻的害怕折磨，却又乐于迷失在想象的风暴中；然而，在解放斗争中，人民自行解体了，又重新组织起来，在血与泪中诞生了十分真实又十分直接的对抗。给穆斯林战士送吃的，布置岗哨，帮助缺少基本生活用品的家庭，替代被杀死或被囚禁的丈夫，这些都是人民在解放斗争中被鼓励去做的具体工作。

在殖民地世界，被殖民者的感性被维持在一种十分敏感的状态，就像一个在躲避腐蚀性物质的新鲜伤口。心理机制收缩起来，被消除，又通过肌肉示威宣泄出来，这也使得一些学者宣称，被殖民者是歇斯底里的。看不见的守护神密切关注着这种能够直接与人格核心沟通的感性。过于兴奋的感性，在肌肉遇到危机自我释放的时候，能与情欲一道，达到自我满足。

从另一个角度，我们可以看到，被殖民者的感性在不同出神状态的舞蹈中被消耗殆尽。这也是为何有关殖民地世界的研究必须强调理解舞蹈和着魔现象。被殖民者正是通过这种肌肉的狂欢来放松自己，在此过程中，最激烈的攻击性、一触即发的暴力冲动得以疏解，转变，最终消失。舞蹈集会是得到准许的集会，能为参加者提供保护与理由。在固定的日期、固定的时间，男男女女聚集在提前定好的地方，面对部落严肃的目光，将自己投身于舞蹈，步伐看似杂乱，实则自成系统，通过各种各样的动作——摇头、弯曲脊椎、后仰整个身体——一目了然地揭示了一个集体为了自我驱魔、自我解放、自我表达所做出的崇高努力。什么都可以做……在这个集会上。我们爬上小山坡，像是为了更接近月亮；我们从河岸上滑下去，像是用舞蹈来表达沐浴、洗涤和净礼，这些都是神圣的地方。什么都可以做，因为实际上，我们聚在一起，就是为了让积攒的力比多和压抑的攻击性像火山爆发般喷涌出来。象征性的处死，模拟的侵袭，想象中的各种谋杀，通通都得发泄出来。不愉快就像火山熔岩流一般，发出巨大的声响，流泻出来。

再进一步，我们会陷入完全的着魔。的确，我们组织的实际上是着魔—去魔大会：吸血鬼迷信，被神怪、僵尸、雷格巴[①]附身。这些人格的分裂、双重性、解体扮演了稳定殖民地世界的主要经济功能。去的时候，男男女女急得

① ［译注］雷格巴（Papa Legba），西非和海地伏都教（又译“巫毒教”）中的著名神灵，是连接人类和伏都教大神灵罗亚的媒介，伏都教仪式开始和结束的时候都会祭祀这位神灵，也被尊为十字路口之神。

跺脚，十分不耐，“神经紧绷”。回来的时候，村子恢复安宁、和平、静止。

在解放斗争期间，我们看到人们奇特地丧失了对这些活动的兴趣。被殖民者背靠着墙，刀架在脖子上，或更确切地说，电极放在生殖器上，在这种情况下，被殖民者被勒令不能再讲述自己的历史。

被殖民者过了多年不切实际的生活，沉溺在最骇人的幻象中，现在终于手持冲锋枪，迎击唯一否认他们存在的力量：殖民主义势力。在战火洗礼下成长起来的被殖民者年轻一代很可能嘲笑——但他们没有放弃——那些祖先的僵尸、两头马、还魂的死人、趁人打哈欠时钻到体内的神怪。在实践运动中，在暴力活动中，在解放计划中，被殖民者发现现实，改变现实。

我们看到，尽管这种暴力在整个殖民时期都一触即发，但最终都化为虚无。我们看到，借由舞蹈或着魔的情绪宣泄，暴力得以纾解。我们看到，暴力在自相残杀的斗争中被消耗殆尽。现在的关键是要抓住正在转型的暴力。此前，暴力沉湎于神话，获得自我满足，想尽办法找到集体自杀的机会。现在出现了一些新的条件，能够使暴力转变方向。

在政治和历史的策略方面，殖民地的解放向当代提出了一个至关重要的理论问题：什么时候可以说民族解放运动的局势成熟了？其先兆是什么？因为非殖民化具有多种形式，理智犹豫不决，无法断言什么是真的非殖民化，什么是假的非殖民化。我们看到，投身于非殖民化的人迫切要决定手段和策略，即领导和组织的问题。否则，就只剩下盲目的唯意志论，会带来极端反动的风险。

在殖民时期，有哪些力量向被殖民者的暴力提供新路径、新关注点？首先是政党和知识精英或商业精英。然而，某些政治团体的特征是，只宣布一些原则，而不发出行动命令。在殖民时期，这些民族主义政党的一切活动都是选举性质的，是一系列的哲学政治论文，讨论人民自决权，讨论尊严和不挨饿的人权，以及不断肯定的“一人一票”原则。这些民族主义政党从不强调考验力量的必要性，因为它们的目标不是要彻底推翻现行制度。这些新兴的政治团体是和平主义者，严守法规，拥护秩序……它们向殖民主义资产阶级直截了当地提出了一个对它们而言的关键问题：“给我们更多的权力。”当涉及暴力这个特殊问题时，精英们的态度都是模棱两可的。他们的言语是粗暴的，态度却是改良主义的。当这些出身资产阶级的民族主义政党干部说一件事时，他们几乎毫不迂回地表示，实际上他们并不这么想。

要诠释这些民族主义政党的特征，必须同时观察它们干部的素质和它们支持者的素质。民族主义政党的支持者是城市居民。这些工人、教师、小手工业者、商人已经从殖民情境中获利——当然是打了折扣的，有其个人利益打算。这些支持者的诉求，是改善他们的命运，增加他们的工资。这些政党和殖民主义之间的对话从未中断过。他们讨论治理、选举代表、新闻自由、结社自由。他们讨论改良。因此，当我们看到大量土著在宗主国的政治组织分支机构中积极活动时，不必大惊小怪。这些土著为一句抽象的口号“权力属于无产阶级”而奋战，却忘了在他们的地区，首先要为民族主义的口号而战。被殖民的知识分子几乎毫不掩饰自己想融入殖民主义世界的意图，将自己的攻击性投入其中。他们的攻击性服务于自身的利益、个人的利益。由此，一个由个体解放的奴隶、获得自由的奴隶组成的阶级轻易诞生了。知识分子的诉求，是尽可能增加获得自由的奴隶，组建一个由获得自由的奴隶组成的真正阶级。相反，群众并不期望看到个人成功的机会增加。群众要求的不是殖民者的身份，而是殖民者的位置。绝大多数被殖民者想要殖民者的农庄。对他们而言，关键不在于同殖民者竞争。他们想要殖民者的位置。

大多数民族主义政党的宣传把农民刻意撇在一边。然而十分清楚的一点是，在殖民地国家，只有农民是革命的。农民一无所有，因此无所畏惧。农民失去了社会地位，忍饥挨饿，这些被剥削者最快发现，只有暴力能给他们补偿。对他们来说，没有折中，也没有和解的可能。殖民化或非殖民化，单纯只是力量的对比。被剥削者意识到，自己的解放必须以所有手段为前提，且首先是武力。1956 年，居伊·摩勒[①]先生向阿尔及利亚殖民者妥协以后，民族解放阵线（FLN，Front de libération nationale）在一本著名的小册子中指出，殖民主义只是松开了架在脖子上的刀，没有任何一个阿尔及利亚人觉得这话太过火。这本小册子不过是表达出了所有阿尔及利亚人内心最深处的感受：殖民主义不是一台具有思考能力的机器，也不是一具拥有理智的肉体。殖民主义本身就是暴力，只会在更强大的暴力面前屈服。

在要作出决定性解释的时候，此前一直保持沉默的殖民主义资产阶级开始行动了。他们引入了一种新概念，确切地说，是殖民情境下的新产品：非暴力。在原始形态中，非暴力对被殖民的知识分子和经济精英而言，意味着殖民主义资产阶级和他们利益相同，为了共同得救，达成协议是不

---

① ［译注］居伊·摩勒（Guy Mollet，1905—1975），1956 年 1 月至 1957 年 5 月出任法国总理，该届政府是第四共和国历史上寿命最长的政府。摩勒上任之初，便着手解决国际社会极为关注的阿尔及利亚问题。他撤销了阿尔及利亚原总督一职，取而代之的是阿尔及利亚事务部长。卡特鲁将军（Général Catroux）为第一任部长，常驻阿尔及利亚。此举意在使阿尔及利亚事务部长直接对法国政府负责，而不是和此前一样，对阿尔及利亚的法国移民负责。后者将此项改革视作摩勒政府出卖阿尔及利亚的第一步。1956 年 2 月 6 日，摩勒视察阿尔及利亚，两万多法国移民愤怒地向其投掷番茄和蔬菜。卡特鲁迫于压力辞职，罗贝尔·拉各斯特（Robert Lacoste）成为新任阿尔及利亚事务部长。但拉各斯特很快就像之前的阿尔及利亚总督一样，成了移民的代言人。

可或缺，也是刻不容缓的。非暴力是指，在一切无法挽回的行为、一切流血事件、一切会令人遗憾的行动发生之前，尝试让大家围着会议桌解决殖民问题。但如果群众不等会议桌周围的椅子摆好，只听他们自己的声音，开始放火行凶，我们会看到，那些“精英”和资产阶级民族主义政党的领导人飞奔到殖民者身边，对他们说：“这太严重了！我们不知道如何结束这一切，必须找到解决办法，必须寻求和解。”

和解在非殖民化现象中十分重要，因为这一概念远不那么简单。事实上，和解同时关系到殖民体制与年轻的民族资产阶级。殖民体制的拥趸者发现，群众有可能毁坏一切。破坏桥梁、摧毁农庄、镇压、战争，这一切都是对经济的严重打击。和解也是为了民族资产阶级，他们无法清楚推断出这场台风可能造成的后果，实际上也害怕被巨大的狂风卷走，于是不断对殖民者说：“我们还能阻止这场屠杀，群众还相信我们，要是你们不想坏了一切，那就加快速度。”如果事态升级，民族主义政党的领导人会与暴力保持距离。他高声宣称，自己与茅茅运动[①]的人、与这

---

① ［译注］茅茅运动（Mau-Mau），即 20 世纪 50 年代肯尼亚吉库尤人领导的武装斗争，旨在推翻英国殖民统治。大规模起义爆发于 1952 年，当年 10 月，英国总督宣布进入“紧急状态”。在持续 4 年的茅茅运动和镇压行动中，超过 100 万农民参与了“茅茅”宣誓，组建游击队抗击英殖民当局，上万名起义者丧生，约 15 万人被关入集中营。“茅茅”一词来源的说法之一是当地人在举行反英秘密宣誓时，在门外放哨的儿童若遇到敌情，常发出“茅茅”的声音示警。

些恐怖分子、与这些刽子手毫无干系。在最好的情况下，他退到恐怖分子和殖民者之间的“无人之地”，毛遂自荐要扮演“对话者”的角色：这是在说，殖民者无法与茅茅运动的人直接对话，他非常愿意牵头开启谈判。由此，民族斗争的后卫部队，一直都处于斗争另一端的这部分人民，却像翻了个跟斗一样，站到了谈判与和解的前线。因为确切地说，他们一直小心翼翼，避免中断与殖民主义的接触。

在谈判之前，在最好的情况下，大部分民族主义政党也仅限于为这种“野蛮”做解释、找理由。它们与人民斗争保持距离，常常在一些私下非公开的圈子里，肆意谴责那些被报纸和宗主国舆论批评为“丑陋”的精彩行动。它们声称看待事物必须客观，这就成了保守主义政治的合理借口。然而，实际上，被殖民的知识分子和民族主义政党领导人的这种典型态度并不客观。他们并不确定群众这种急躁的暴力是保护他们自身利益的最有效手段。此外，他们也相信暴力手段都是无效的。毫无疑问，对他们而言，所有通过武力来粉碎殖民压迫的尝试都是绝望的行为、自杀的行为。在他们的脑海中，殖民者的坦克和战斗机仿佛能遮天蔽日。当有人告诉他们必须行动时，他们仿佛看到炸弹从头顶倾泻而下，装甲车沿路开来，枪林弹雨，警察出动……于是他们坐着不动。他们还未行动，就认为自己已经输了。他们无法通过暴力取得胜利，这一点无须证明，已经在他们的日常生活与行为中表现出来了。他们和恩格斯说的一样，采用一种幼稚的立场。恩格斯在与幼稚界的泰斗杜林[①]先生的著名论战中曾说过："就像鲁滨逊能获得利剑，我们也同样可以设想，某天清晨，星期五手持手枪出现，那时，整个'暴力'关系就颠倒过来了：星期五发号施令，鲁滨逊则干苦活……总之，手枪战胜利剑，即使最幼稚的公理论者也应当明了，暴力不是单纯的意志行为，意志行为的实现需要具备一些十分现实的先决条件，尤其是工具，其中较完善的工具战胜较不完善的工具；此外，这些工具必然是生产出来的，同时这也意味着较完善的暴力工具的生产者——一般而言就是武器的生产者——战胜较不完善的暴力工具的生产者。一句话，暴力的胜利是以武器的生产为基础的，而武器的生产又是以一般生产为基础的，因而是以'经济力量'、以经济情况、以暴力所拥有的物质资料为基础的。"[②] 事实上，改良主义的领导人也是同样的意思："你们用什么去和殖民者战斗？用你们的刀？还是用你们的猎枪？"

---

① ［译注］卡尔·欧根·杜林（Karl Eugen Dühring，1833—1921），19 世纪德国哲学家、经济学家。1867 年，杜林在报刊上撰文抨击马克思的《资本论》，其后出版《国民经济学和社会主义批判史》《国民经济学和社会经济学教程》《哲学教程》等著作，通过阐述其折中主义的哲学、庸俗的经济学和反动的社会主义理论体系，向马克思主义发起全面挑战。恩格斯因此写了《反杜林论》，系统批判了杜林的观点。

② 恩格斯（Friedrich Engels）：《反杜林论》（*Anti-Dühring*），第二编第三章《暴力论》（续）（Théorie de la violence），社会出版社（éditions Sociales），第 199 页。

的确，在暴力这个领域，工具十分重要，因为归根结底一切都建立在工具的分配上。但殖民地的解放为这个领域带来了新观点。例如我们看到，在西班牙战役这一真正的殖民战争中，尽管拿破仑在 1810 年春季进攻期间，所率兵力达 40 万人之巨，但还是被迫撤退了。当时的法国军队因其武器的精良、士兵的勇猛、统帅的军事天才，使整个欧洲颤抖。面对拿破仑军队无穷无尽的手段，西班牙人受不可撼动的民族信念所鼓舞，发现了 25 年前美国民兵用来反抗英国军队的游击战。但被殖民者的游击战，如果不是作为全球化竞争过程中出现在托拉斯①与垄断之间的一个新要素，那么它作为一种暴力工具去对抗其他暴力工具，就没有任何意义。

在殖民初期，一支特遣队就能占领大片土地：刚果、尼日利亚、科特迪瓦等等。但今天，被殖民者的民族斗争处于全新的形势中。资本主义在其飞速上升时期，将殖民地视作原材料的攫取地，这些原材料经过加工就能大量流入欧洲市场。经过一个资本积累阶段之后，今天的资本主义改变了买卖的盈利概念。殖民地变成了市场，殖民地居民变成了购买产品的消费者。此后，如果驻军必须持续加

① ［译注］托拉斯（trusts），垄断的一种形式，指若干性质相同或互有关联的企业为了独占市场、获取高额利润而组成的垄断组织。

强，如果贸易增速变慢，如果加工产品和工业产品无法继续出口，那就证明必须把军事解决方案排除掉。对宗主国来说，奴隶主义式的盲目统治没有经济上的盈利空间。宗主国的资产阶级垄断派不会支持一个仅仅依赖武力政策的政府，宗主国的工业家和金融家对他们政府的期待，不是屠戮大量土著，而是借助经济协议来捍卫他们的“合法利益”。

因此，资本主义和殖民地领土上爆发的暴力力量，在客观上形成共谋关系。此外，被殖民者不是单独面对压迫者。他们当然受到进步的国家及人民在政治和外交上的帮助，但也面临着金融集团之间的竞争和无情的战争。一个柏林会议可以在三四个国家之间分割支离破碎的非洲。今天的问题不在于某个非洲地区是受法国还是比利时的统治，而是经济地带受到保护。枪林炮火、焦土政策已经让位于经济征服。要是今天某个苏丹反叛，他们不会再组织镇压战争。他们多了些优雅，少了份血腥，决定和平解决古巴卡斯特罗制度。他们试图扼杀几内亚，推翻摩萨台[①]。因此，如果民族领导人害怕暴力，想象殖民主义会“把我们都杀光”，那他就错了。军人的确还在把玩从征服时代

① ［译注］穆罕默德·摩萨台（محمد مصدق，Mohammad Mossaddegh，1882—1967），1951—1953 年间任伊朗首相，1953 年被美国中情局策动的政变推翻。

留传下来的人偶，但金融界很快将他们带回现实。

这就是为何，有理智的民族主义政党需要尽可能明确地表达自己的诉求，同殖民主义搭档一起，心平气和地寻找一个尊重双方利益的解决办法。民族主义的改良运动经常表现为对工会运动的可笑模仿。如果民族主义政党决定行动，那一定会通过高度和平的路径：安排城市里的几家工厂举行罢工，组织群众游行来欢迎领袖，联合抵制公共汽车或进口食品。所有这些活动，既能对殖民主义施加压力，又能够使人民消耗精力。这种人工冬眠疗法、人民睡眠疗法，有时竟能奏效。从会议桌上的讨论开始，出现了一种政治升级，使加蓬共和国总统姆巴①先生能够在赴巴黎官方访问之际，十分庄重地说："加蓬独立了，但加蓬和法国之间什么也没变，一切照旧，如从前那样。"事实上，唯一的改变是姆巴先生成了加蓬共和国的总统，受到了法兰西共和国总统的接见。

殖民主义资产阶级在安抚被殖民者的工作中，不可避免地得到了宗教的帮助。所有甘愿受辱、宽宥冒犯、面不改色地接受别人的唾沫和辱骂的圣徒，都被详细解释，当

---

① ［译注］加布里埃尔·莱昂·姆巴（Gabriel Léon M'ba，1902—1967），加蓬民族独立运动的主要领导人，1960—1967 年间任加蓬共和国第一任总统兼总理，以保守与亲法著称。姆巴曾在 1964 年的二月政变中被推翻，在法国的出兵镇压与支持下，两天后便得以继续执政，直到逝世。

作典范。殖民地各国的精英，那些被解放的奴隶，当他们站到运动领导人的位置，必然制造出一个战斗的替代品。他们声称“他们的兄弟还是奴隶”，以羞辱拥护奴隶制的人；或转向与他们的压迫者竞争的金融集团，向后者提供平淡无味的人道主义意识形态内容。事实上，他们从未真正号召过奴隶，从未具体动员过奴隶。恰恰相反，在真相的时刻——对他们来说是谎言的时刻——他们挥舞着“群众总动员”的威胁旗帜，将其视作能够神奇地“终结殖民制度”的决定性武器。在这些政党内部，在这些干部中间，显然有些革命者断然不理睬这种民族独立的闹剧。但他们的干预、他们的积极性、他们的愤怒表现迅速惹恼了政党机器。这些人被逐渐孤立，然后被彻底排斥。同时，犹如辩证的关联性一般，殖民警察找上门来。这些带着煽动性眼神的人在城市里不安全，活跃分子对他们避而远之，政党高层抛弃了他们，不受欢迎的人士只好离开城市，去往农村。在那里，他们感受到了似乎令人难以置信的眩晕，他们发现农民群众虽然对他们的话一知半解，但会直截了当地向他们提出一个问题，一个他们没有准备好如何回答的问题：“什么时候开始？”

来自城市的革命者和乡下人的会面，我们会在后面展开。现在让我们回到政党，指出他们的行动不管怎样仍算是进步的特点。这些政治领导人在他们的讲话中为国家

“命名”。被殖民者的诉求就这样获得了一种形式。没有内容，没有政治和社会纲领，只有一个模糊的形式，但不管怎样，总归是一个国家的形式，一个框架，一个我们称之为最低要求的框架。政治人物能够公开发言，在民族主义报纸上发表文章，他们赋予人民一个梦想。他们避免颠覆，实际上，却在观众或读者的意识中加入了可怕的颠覆酵母。他们通常使用民族语言或部落语言，由此维持了梦想，使想象跳脱殖民秩序。有时候，这些政治家还说：“我们黑人，我们阿拉伯人。”这种沉重的称呼在殖民时期具有矛盾双重性，现在却获得了某种神圣的含义。民族主义政治家在玩火。正如一位非洲领导人最近向一群年轻的知识分子所吐露的：“与群众说话前要好好思考，他们很容易激动。”历史的诡计会对殖民地造成极大的破坏。

当政治领导人召集人民参加集会时，可以说空气中弥漫着血腥味，然而这位领导人所关心的，往往是“展示”其武力……目的是不需要使用武力。但这样一来，人民就会烦躁不安——来来去去，听讲话，群众聚集，警察围绕，军事演习示威，逮捕，放逐领导人——所有这些骚乱都带给人民一种印象：是时候了，他们该干点什么了。在这些不稳定的时刻，政党频频呼吁左派要冷静，同时观察右派的形势，试图辨识殖民主义意图的宽容程度。

人民同样利用这种集体式生活的某些插曲来保持良好

的状态，维持革命能量。例如，一个土匪被警察追捕，退守到农村，与警察对峙了好几天，在对抗中撂倒了四五个警察才不支倒下，还有人为了不“供出”同谋而自杀。对于人民来说，他们就是灯塔、是行为典范、是“英雄”。显然，对人民说这样的英雄其实是小偷、坏蛋或烂人，他们是不会相信的。如果这个人被殖民当局追捕，是由于他的行为专门对某个殖民者的人身或财产造成了伤害，那么界限就十分清楚了。认同过程是自动的。

我们也要指出，民族抵抗外来征服者的历史在意识成熟过程中所起的作用。对被殖民的人民来说，伟大的人物始终是那些领导民族抵抗侵略的人。贝昂赞①、松迪亚塔②、萨摩里③、阿卜杜·卡迪尔④，在行动前的那段时期，这些名字出现得异常频繁。这证明人民已经准备好重

① [译注] 贝昂赞（Béhanzin，1845—1906），贝宁阿波美王朝的国王，1890—1894年间曾率军反抗法国的殖民入侵。1894年，贝昂赞被法国殖民者流放到马提尼克岛，从此再也没能回到故乡达荷美（贝宁旧称）。

② [译注] 松迪亚塔（Soundiata，1212？—1255），马里帝国的创建者，同名西非史诗的主人公。约1235年，松迪亚塔联合马林凯人，打败了苏苏国王苏曼古鲁的军队，收复旧土，后通过兼并与征服，奠定了马里帝国的基础，使后者成为继加纳帝国之后的西非大帝国。

③ [译注] 萨摩里·杜尔（Samory Touré，1830？—1900），几内亚抗法民族英雄。1870—1875年间，他创建了乌阿苏鲁国。1882年，萨摩里开始领导抗法斗争，1883年的欧雅科大胜使其名声大噪。1898年，因叛徒出卖，萨摩里被捕，但他宁死不屈，被法国当局流放到加蓬后去世。

④ [译注] 阿卜杜·卡迪尔（Abdel kader，1808—1883），阿尔及利亚民族英雄，著名诗人和学者。1832—1847年间，他率众抵抗法国的殖民入侵，多次大败法军，持续15年之久，歼灭法军4万多人。1847年，卡迪尔被迫向法军投降，后病逝于大马士革。

新出发，打破殖民主义引发的时间停滞，创造历史。

新民族的出现，殖民结构的瓦解，这一结果，要么归功于新独立人民的暴力斗争，要么归功于周边其他被殖民的人民所采取的暴力行动对殖民体制产生的强制性效果。

被殖民的人民并不孤单。尽管殖民主义费力阻拦，但新的消息、外界的回声仍然可以通过边境渗透进来。被殖民者发现暴力已经成了气候，到处爆发，到处席卷殖民制度。这些暴力的成功，不仅向被殖民者提供信息，也使他们看到了操作的可能性。越南人民在奠边府的伟大胜利[①]，严格来说，不再仅仅是越南人民的胜利了。从 1954 年 7 月起，被殖民的人民对自己提出这样的问题："要实现一场奠边府大捷，该怎么做？该如何行动？"再也没有一个被殖民者会怀疑奠边府大捷的可能性了。现在的问题是，要如何安排武力，如何组织，何时投入行动。这种来自四面八方的暴力，不单单改变了被殖民者，也改变了殖民者，使他们意识到，还有许多奠边府的存在。因此，一种真正的大规模恐慌席卷殖民政府。它们企图先下手为强，把解

---

① ［译注］指奠边府大捷。1953 年 5 月，法军制定了以奠边府为基地，在 18 个月内歼灭越军主力，夺回战场主动权的计划。在中国军事顾问团的帮助下，越军决定对奠边府实施进攻，歼灭法军主力，这是 6 年抗法战争以来越南首次组织的大规模阵地战和攻坚战，由武元甲任前线总指挥。战役从 1954 年 3 月 13 日至 5 月 7 日，持续 55 天，越军从南、北合围奠边府，共歼法军 1.6 万余人，俘虏法军指挥官及全部参谋人员。奠边府大捷加快了越南抗法战争进程，对于签订恢复印度支那和平的《日内瓦协议》具有重要意义。

放运动向右扭转，解除人民的武装：快点，让我们非殖民化。在刚果变成下一个阿尔及利亚之前，把它非殖民化。让我们为非洲投票决定宪法框架，创建共同体，革新这个共同体，但我请求你们，快进行非殖民化，非殖民化……它们以这样的速度进行非殖民化，甚至将独立强加给乌弗埃-博瓦尼[①]。殖民者在尊重国家主权的基础上……以设定框架的战略，来应对被殖民者定下的奠边府战略。

让我们回到这种暴力氛围，这种一触即发的暴力。我们看到，在暴力的成熟过程中，许多传送带把它接过来，又送出去。尽管殖民制度曾迫使暴力变形为部落斗争或地方主义斗争，但暴力仍逐步前进，被殖民者认清了他们的敌人，自己所有的不幸从此有了名字，他们把自己仇恨和愤怒的全部力量都投入这条新的道路。但我们要如何从暴力的氛围过渡到暴力的行动？什么才能使压力锅爆炸？事实上，首先，暴力的发展不会让殖民者的福乐毫发无伤。"认识"土著的殖民者，从许多迹象上察觉到，有些事情正发生变化。善良的土著变少了，压迫者一旦靠近，周围立刻变得鸦雀无声。有时候，土著的目光变得冷酷，态度和言语表现出赤裸裸的攻击性。民族主义政党开始骚动，频频集会；同时，警力增加，援军抵达。殖民者，尤其是

① ［译注］费利克斯·乌弗埃-博瓦尼（Félix Houphouët-Boigny，1905—1993），科特迪瓦国父，非洲民族解放运动先驱，1960—1993年间连任7届科特迪瓦总统。博瓦尼执政期间，一直与法国保持密切关系，科特迪瓦经济长期保持繁荣。

从事农业的人，在自己的农庄里孤立无援，是最早开始惊慌失措的一批人。他们要求当局采取强有力的措施，当局果然采取了轰轰烈烈的措施，逮捕了一两个领导人，组织阅兵、演习、空中飞行。这些示威演习、作战操练、空气中弥漫的火药味没有使人民退却。这些刺刀和炮轰反而增加了他们的攻击性。四周笼罩着悲剧性的氛围，每个人都想要证明，自己已经准备好付出一切。在这样的紧张气氛中，一颗子弹打了出来，神经因为紧绷而脆弱，时刻担惊受怕，一不小心就扣动了扳机。原本一个普通的偶然事故，导致了后续的机枪扫射：在阿尔及利亚的塞提夫（Sétif），在摩洛哥的中央露天采矿场（Carrières centrales），在马达加斯加的莫拉曼加（Moramanga）。

镇压非但没有遏制冲动，反而加速了民族意识觉醒的进程。在殖民地，当民族意识的萌芽发展到某一阶段时，大屠杀加强了这种意识，因为它阐明了这样一个事实：在压迫者和被压迫者之间，武力是唯一的解决方案。这里必须指出，政党并未发出武装暴动的命令，也没有准备暴动。所有这些镇压，这些因恐惧而起的行动，都非领导人所愿，这些突发事件打了他们一个措手不及。这时，殖民当局可以下令逮捕民族主义领导人。但今天，殖民主义国家的政府非常清楚，使群众失去领导人是十分危险的。因为那时，人民会如脱缰之马，投入到暴动、叛乱和“野兽般的屠杀”中去。群众放任自己的“浴血本能”，迫使当局释放一些领导人。领导人一回来，就必须面对要让局势重新恢复平静的艰巨任务。被殖民者自发地将暴力投入到摧毁殖民体制的庞大任务中，却发现自己不久后又重新开始喊那些毫无活力、没有成效的口号：“释放 X 或 Y。”[①] 于是殖民当局释放这些人，同他们谈判。群众街头舞会的时间到了。

在另一种情况下，政党机器可以维持毫发无伤的状态。但政党发现，经历过殖民主义的镇压和人民的自发反抗之后，自己已经无法控制党内的积极分子了。群众的暴力与占领者的武装力量激烈对峙，形势恶化，陷入泥潭。被释放的领导人站在场外，他们的官僚机构和合理的纲领瞬间变得一无是处。我们看到，他们远远站着，置身事外，声称“代表被禁言的民族说话”，正试图进行一场终极的冒名顶替。按照惯例，殖民当局会立刻热切地扑向这个意外之喜，将这些无用之人变为谈判对象，转瞬就给予他们独立，代价是要他们恢复秩序。

因此我们看到，所有人都意识到这种暴力，问题并非总是以更大的暴力去回应，而在于如何解除危机。

那么这种暴力究竟是什么？就我们所见，暴力就是被

---

① 有时候，那位领导人可能会表达被殖民者群众的真正心声。在这种情况下，殖民当局会趁其被拘禁之际，试图扶持一些新的领导人。

殖民群众的直觉感受，相信他们必须实现解放，而且只有通过武力才能实现解放。面对占领者强大的经济及军事实力，这些没有技术、因为忍饥挨饿而衰弱、不熟悉组织方法的人，是出于怎样的精神反常，才会相信只有暴力才能解放他们？他们怎能期盼胜利？

因为可耻的是，暴力作为方法，可以成为一个政党的口号。一些政党干部可以号召人民进行武装斗争。我们必须深入思考暴力问题。德国军国主义决定通过武力解决边境问题，对此我们绝不会大惊小怪，但当安哥拉人民决定拿起武器，当阿尔及利亚人民摒弃一切非暴力的手段时，这证明有些事已经发生了，或正在发生。被殖民的人，现代的奴隶，他们不耐烦了。他们知道，只有疯狂才能使他们摆脱殖民压迫。世界上建立了一种新型关系。不发达国家的人民要扯断他们身上的锁链，不可思议的是，他们成功了。我们会说，在人造卫星的时代还有人饿死，这是荒谬的说法。但对于被殖民的群众来说，这一阐述并未脱离现实。现实是，今天，没有任何一个殖民主义国家会采用唯一有可能成功的斗争方式：延长大规模的驻军。

在国内，殖民主义国家面对重重矛盾，面对劳工的请愿，势必动用警力。加上在当前的国际局势下，这些国家需要军队来保护他们的制度。最后，我们知道由莫斯科领导的解放运动的神话。在让人吓破胆的有关制度的论辩中，这意味着“如果这样继续下去，共产党就会渗透到这些地区”。

被殖民者失去了耐心，他们奋力挥舞着暴力威胁的旗帜，这证明他们已经意识到现代形势异乎寻常的特点，并打算利用这些特点。而且，在直接经验方面，被殖民者看到，荆棘丛林最偏远的角落也能认识现代社会，并由此敏锐地意识到他们不曾拥有的东西。群众出于一种天真的推理，深信这些东西原本属于自己，只是被人偷走了。这就是为何在某些不发达国家，独立两三年后，群众很快明白，且陷入挫败，觉得如果没有真正的改变，那就实在“不值得”为此战斗。1789 年资产阶级革命后，法国地位最低的农民基本上都在这次动乱中获利。但现在普遍可以观察到的是，在大多数情况下，对于不发达国家中 95％的人来说，独立没有带来即时的变化。富有经验的观察员意识到，一种潜在的不满，犹如火灾后尚未熄灭的余烬，随时有再次起火的危险。

有人说被殖民者走得太快。但不要忘了，就在不久之前，有人还指责他们迟钝、懒惰、过于宿命论。我们已经察觉，暴力之火在解放斗争时期已经走在相当明确的道路上，不会在举行升国旗仪式之后就神奇地熄灭。在国家建设阶段，暴力之火继续在资本主义与社会主义的关键性竞争框架中运作，就更不会熄灭了。

这种竞争，使最地方性的诉求具有几乎是世界性的维度。每次集会、每场镇压行动，都会在国际舞台上回响。沙佩维尔惨案①震撼了舆论好几个月。在报纸上、电台里、私人谈话中，沙佩维尔成了一个象征。通过沙佩维尔，无论男女，人们开始讨论南非的“种族隔离”问题。我们无法宣称，蛊惑人心的宣传是大国突然关心不发达地区小事的唯一理由。第三世界的每次暴动、每次骚乱，都被纳入冷战的范畴。在索尔兹贝里②，两个男人遭棒打，一整个集团都行动起来，谈论这两个人，借由打人事件，关注罗得西亚③的特殊问题——将其同整个非洲和全体被殖民者联系起来。另一个集团也在这样的大规模宣传之际，检视自身体系的地方性弱点。被殖民者意识到，两个集团都对地方上发生的事感兴趣。他们不再局限于地区视野，而是意识到自己正处于全球动荡的大环境之中。

当我们得知，第六或第七舰队每三个月会驶向某个海岸时，当赫鲁晓夫威胁要用导弹来救助卡斯特罗时，当肯

① [译注] 1960 年 3 月 21 日，南非警察向在沙佩维尔（Sharpeville）举行示威游行的 5 000 余名群众开枪，造成 69 人死亡，近 200 人受伤，曼德拉被捕入狱，沙佩维尔惨案因此成了南非历史的转折点。

② [译注] 索尔兹贝里（Salisbury），今哈拉雷。

③ [译注] 罗得西亚（Rhodésie），津巴布韦旧称。位于南部非洲的英国殖民地，于 1965 年 11 月 11 日宣布独立，国名罗得西亚沿用至 1979 年 5 月 31 日。1980 年 4 月 18 日，更名为津巴布韦。

尼迪决定考虑采用极端手段来解决老挝问题[1]时，被殖民者或新独立者会有这样一个印象：不管愿意还是不愿意，自己都被拖着疾行。事实上他们已经在前进了。以最近解放的国家为例，当权者把三分之二的时间用来监视四周，防范可能产生的威胁，剩下的三分之一用来为国家工作。同时，他们给自己找靠山。遵循同样的辩证法，国家的反对派轻蔑地绕开通过议会参政的路径。他们寻找愿意支持其粗暴的叛乱事业的同盟。暴力的氛围在渗透进殖民阶段之后，继续支配民族政治。因为正如我们所说，第三世界并未被排除在外，恰恰相反，它处在风暴的中心。这就是为何不发达国家的政治家在讲话时，会无止境地维持着挑衅和夸张的口吻，在正常情况下，这种口吻本应消失了。新领导人常被指责不礼貌，我们也能理解。但我们较少注意到，这些领导人在与兄弟或同志接触时，表现得极为礼貌。不礼貌，首先是一种对待别人的行为，对待来观察和调查的前殖民者。前被殖民者时常会有这样的印象：这些调查的结论早就已经写好，记者的任务就是提供证明。文章中穿插的照片，证明记者知道自己在讲什么，他也真的到过那里。调查旨在证明：自从我们撤离，那里的一切都

① ［译注］1960 年 8 月，老挝发生推翻右翼政府的军事政变（贡勒政变），随后政局陷入动荡。在美英法印苏等利益攸关方的干预下，老挝的国内冲突迅速升级为国际危机，几乎引发东西方两大阵营的直接军事对抗。1961 年 1 月，肯尼迪就任美国总统后面对的第一个国际问题就是老挝危机。由 14 国代表参加的日内瓦会议经过一年多的谈判，于 1962 年 7 月达成最后协议，解决了老挝危机。

变糟了。记者常常抱怨没有受到礼遇、工作条件差、采访遭遇冷脸或敌意，这一切都很正常。民族主义的领导人知道，国际舆论都是由西方媒体打造的。当一个西方记者向我们提问时，鲜少是为了帮助我们。例如，在阿尔及利亚战争中，号称最自由主义的法国记者也会不断使用模棱两可的词，来描绘我们斗争的特点。当我们因此开口指责时，他们却信誓旦旦地说自己是客观的。对于被殖民者而言，客观性总是被用来反对他们。我们也同样理解，在1960年9月的联合国大会上，国际外交采用了全新的口吻。殖民国家代表的口吻是挑衅的、粗暴的、过激的，他们的人民却不觉得他们过分。非洲国家的发言人使用激进主义的口吻，促使伤口化脓，也让我们看得更清楚，大国让人无法接受的否决权和只会彼此对话的本质，以及第三世界微不足道的作用。

新独立的人民所开创的外交，不再是言辞微妙、话中有话、暗示诱导。那是因为，这些代言人受人民所托，要同时捍卫民族团结、民生福祉，以及人民拥有自由与食物的权利。

因此，这是一种行进中的、狂暴的外交，与停滞的、石化的殖民化世界形成奇特对比。当赫鲁晓夫先生在联合国大会上挥舞着他的皮鞋，用鞋捶桌子时，没有一个被殖民者、没有一个不发达国家的代表笑出声来。因为赫鲁晓夫先生是在对看着他的殖民地国家展示，他这个俄罗斯农民如此对待这些资本主义可怜虫，这是他们应得的，更何况他还拥有火箭。同样，卡斯特罗穿军装出席联合国大会，也不会让不发达国家反感。卡斯特罗展示的，是他意识到暴力制度依然存在。让人惊讶的是，他居然没有带着冲锋枪闯进联合国；可能是因为有人反对？农民暴动，绝望的行动，用大刀或斧头武装起来的团体，都在资本主义和社会主义你死我活的对立斗争中，找到了自己的民族性。

1945 年，在塞提夫死去的 4.5 万人①，可能不为人知。1947 年，在马达加斯加死去的 9 万人②，可能只是报纸上的一则短讯。1952 年，在肯尼亚遭到镇压的 20 万起义者③，可能会相对无人关注，那是因为当时的国际矛盾还不够突出。朝鲜战争和印度支那战争已经开创了一个新的阶段。布达佩斯④和苏伊士运河事件⑤构成了这种对抗的关

---

① [译注] 1945 年 5 月 8 日，阿尔及利亚的塞提夫出现了反对法国殖民、要求独立的示威游行，遭到法国殖民当局为期数日的血腥镇压。事件发生后，法国当局极力掩饰，官方报纸甚至将此次事件描述成“一次意外”。据阿尔及利亚政府称，在镇压中被杀害的阿尔及利亚人多达 4.5 万人。“塞提夫事件”为阿尔及利亚此后 20 年的武力反抗殖民压迫拉开了序幕。

② [译注] 1947 年 3 月，马达加斯加爆发了反抗法国殖民统治的民族起义。殖民当局在镇压期间屠杀了 9 万多起义者，逮捕了起义领导人和 2 万多骨干。

③ [译注] 1952 年，肯尼亚爆发了推翻英国殖民统治的武装斗争，史称“茅茅运动”。在持续 4 年的镇压行动中，上万名起义者丧生，约 15 万人被关入集中营。

④ [译注] 指匈牙利十月事件。1956 年 10 月 23 日，为反对苏联模式，声援波兰人民，布达佩斯 20 多万群众举行示威游行，引发武装暴动。11 月 4 日，事件以苏联发动军事行动告终。历时 13 天的十月事件共造成约 2700 名匈牙利人死亡，20 余万匈牙利人成为难民。

⑤ [译注] 1956 年 7 月，埃及总统纳赛尔宣布把英国和法国实际控制的苏伊士运河收归国有。英法两国连同以色列于同年 10 月底入侵埃及；11 月 6 日，英法停火；4 个月后，以色列撤军。

键时刻。

被殖民者依靠社会主义国家无条件的支援，带着他们的武器，冲向殖民主义那不可攻克的堡垒。如果这个堡垒在大刀和赤手空拳面前是坚不可摧的，那么当我们决定将冷战形势纳入考量时，它就不再是铜墙铁壁了。

在这种新形势下，美国人十分认真地扮演国际资本主义巨头的角色。他们首先建议欧洲国家通过友好协商实现非殖民化，然后他们毫不迟疑地声明，自己尊重并支持“非洲属于非洲人”的原则。今天，美国敢于公开宣称，他们是人民自决权的卫士。曼宁·威廉姆斯①先生最近的旅行表明，美国人意识到第三世界不应该被牺牲。由此我们明白，被殖民者的暴力只有在与压迫者的军事机器进行“抽象”比较时，才显得毫无希望。相反，如果把这种暴力置于国际形势中，我们会发现它对压迫者构成可怕的威胁。农民暴乱和茅茅运动经久不息，扰乱了殖民地的经济平衡，但并不危及宗主国。帝国主义更担心社会主义宣传会渗透群众、感染群众。在冷战时期，这已经是严重的危险，如果爆发真正的战争，这个已经被血腥的游击战拖垮的殖民地又会变成什么样呢？

---

① ［译注］曼宁·威廉姆斯（Mennen Williams，1911—1988），美国民主党政客，曾先后任密歇根州州长、非洲事务助理国务卿（肯尼迪手下）、密歇根最高法院大法官等职务。

这时，资本主义意识到，在民族主义战争的发展阶段，自己的军事策略有可能导致全盘皆输。在和平共处的框架下，所有殖民地都要求消失，更极端的是，要求资本主义遵守中立主义。但无论如何，首先要避免的是战略上的不安全，要避免群众向敌对学说敞开大门，由此点燃数千万人根深蒂固的仇恨怒火。被殖民的人民完全意识到了这种支配国际政治的迫切需要。这就是为何，即便是那些怒斥暴力的人，也总是会依照全球暴力来做出决定，并付诸行动。今天，两大阵营和平共处，暴力便在殖民地国家游荡，伺机而动。明天，殖民地全面解放以后，我们也许会看到，暴力区域向别处迁移。也许到那时，少数派问题会浮出水面。已经有一些少数派毫不犹豫地鼓吹用暴力手段解决他们的问题。我们说，美国的黑人极端主义者组成民兵，把自己武装起来，并非偶然。在所谓的自由世界中，有一些保护苏联犹太少数民族的委员会，戴高乐将军在他的一次讲话中，为受专政"压迫"的数百万穆斯林洒下几滴眼泪，也并非偶然。资本主义和帝国主义深信，反对种族主义的斗争和民族解放运动，都纯粹是由"外部"酝酿、遥控操纵的动乱。因此，他们决定实行这套有效的战术：自由欧洲广播电台，受压迫少数派援助委员会……他们大搞反殖民主义，就像法军上校在阿尔及利亚用特种兵（SAS，Sections administratives spéciales）或心理战术来进行颠覆战一样。他们"用人民反人民"。结果众所皆知。

这种暴力和威胁的气氛，挥舞着的火箭，既吓不到被殖民者，也不会使他们迷失方向。被殖民者所经历的整个近代史，都使他们做好了准备，来“理解”这种局势。前头是殖民的暴力，后头是当代世界充斥的和平的暴力，两者间有一种共谋的对应关系，一种同质性。被殖民者已经适应这种气氛。总算有一次，他们跟上了时代。有时，人们惊讶地看到被殖民者宁愿买个半导体收音机，也不愿给自己的妻子送一条连衣裙。这没什么好惊讶的。被殖民者深信，自己的命运现在悬而未决。他们生活在一种世界末日的氛围中，觉得不应该放走任何东西。因此，他们非常理解老挝的富马①和富米②、刚果的卢蒙巴③和冲伯④、喀麦隆的阿希乔⑤和穆米

---

① ［译注］梭发那・富马（Souvanna Phouma，1901—1984），建立老挝王国（1945—1975）的国王西萨旺・冯的外甥，1951—1975 年间 4 度出任老挝王国的首相，以政治观点摇摆不定著称。

② ［译注］富米・诺萨万（Phoumi Nosavan，1920—1985），老挝陆军将领，1959 年在美国的帮助下发动军事政变，控制了老挝政权，出任副首相兼国防部长。1965 年发动兵变失败，流亡泰国。

③ ［译注］帕特里斯・卢蒙巴（Patrice Lumumba，1925—1961），非洲政治家、民族英雄，1960 年任刚果民主共和国（原扎伊尔）首任总理兼国防部长。1961 年，卢蒙巴遭军阀莫伊兹・冲伯杀害，年仅 35 岁。

④ ［译注］莫伊兹・卡奔达・冲伯（Moïse Kapenda Tshombe，1919—1969），刚果军阀。1960 年，刚果宣布独立，在比利时的支持下，7 月，冲伯宣布加丹加省（Katanga）从刚果独立，自任总统，引发了著名的刚果危机。同年 9 月，卢蒙巴在政变中被推翻，在转移过程中被捕，被转交给冲伯后，立即遭到杀害。

⑤ ［译注］哈吉・阿赫马杜・阿希乔（Haji Ahmadou Ahidjo，1924—1989），1960—1982 年担任喀麦隆总统长达 22 年，执政期间较为独裁专制，但使喀麦隆实现了政治稳定和经济繁荣。1982 年，阿希乔提前辞去总统职务，1983 年因涉嫌未遂政变，流亡法国。

埃[①]、肯尼亚的肯雅塔[②]，还有那些定期被推到前头取代他们的人。他们十分理解这些人物，因为他们揭露了其背后的势力。被殖民者，不发达国家的人，其实是当今最具全球性的政治动物。

独立的确能够给被殖民者带来精神上的弥补，并认可他们的尊严。但他们还没来得及建构一个社会，确立和肯定一些社会准则。还不具备一个炽热的中心，使公民与人类能够由此向外发展，在越来越宽广的领域充实自己。这些人被置于一种不确定的状态中，他们轻易相信，一切决定都是同时间、在别处、为所有人做出的。至于领导人，面对这种形式，他们犹豫不决，选择中立主义。

关于中立主义，本有许多值得说道之处。有人把它等同于一种左右逢源，一种令人厌恶的唯利是图。诚然，中立主义身为冷战的产物，能够使不发达国家得到双方的经济援助，但实际上，它不会使双方以恰当的方式来帮助不发达地区。投入到军事研发中的资金完全是天文数字，工

① [译注] 费利克斯-罗兰·穆米埃（Félix-Roland Moumié，1926—1960），喀麦隆政治家，其领导的“喀麦隆人民联盟”为喀麦隆的独立和统一而斗争。1960 年，穆米埃在日内瓦被法国特务毒杀。

② [译注] 乔莫·肯雅塔（Jomo Kenyatta，1894？—1978），肯尼亚国父，泛非大会的创立者之一，1964—1978 年担任肯尼亚总统。肯雅塔因回国支持茅茅运动，于 1952 年被捕，1961 年被释放，1963 年肯尼亚独立后成为首任总统。

程师转型为核战技师，这些人力物力，本可以在15年内，将不发达国家的生活水平提高60%。由此可见，不发达国家的利益，不在于延长或加剧这场冷战。但没有人征求他们的意见。于是，他们如果有可能便会脱身。但他们真的能做到吗？例如现在，法国在非洲试爆原子弹。如果把那些提案、会议和造成轰动的断交手段排除在外，我们无法宣称，在这个特定的领域，非洲人民对法国的态度能产生多大影响。

中立主义，在第三世界公民的身上，催生出一种类似挑衅的奇特精神姿态，在日常生活中，表现为勇敢无畏与庄严的自豪。这种对妥协的明确拒绝、不愿依附的顽强意志，令人联想到一无所有却高傲自信的青少年，他们总是准备着，为一句话牺牲一切。所有这些都令西方的观察员哑口无言。因为这些人言辞凿凿的样子与其背后拥有的东西存在巨大差距，严格来说，是丑闻一桩。这些国家没有电车、没有军队、没有钱，无法佐证它们在光天化日之下夸下的海口。毫无疑问，这是诈骗。第三世界常给人一种苦中作乐，每周必须定期服药防止发作的印象。这些领导人明知道自己的国家一无所有，却依旧夸夸其谈，令人恼火，让人想叫他们闭嘴。然而，双方都在奉承他们，给他们送花，邀请他们。应该说，双方都在争取他们。这，就是中立主义。这些国家98%的公民是文盲，关于他们的文献却数不胜数。他们到处旅行。不发达国家的领导人和大学生是航空公司的金矿。非洲和亚洲的官员可能在同一个月内，既到莫斯科学习社会主义计划经济，也到伦敦或哥伦比亚大学学习自由经济的好处。至于非洲的工会干部，他们加速进步。他们刚走上领导机构的岗位，就决定成立独立的工会联合会。他们不像工业国家有50年的工会活动经验，但他们已经知道，不问政治的工会活动是毫无意义的。他们不曾对抗资本主义机器，也不曾在阶级斗争中发展自己的意识，但或许这些并非是必要的。或许，我们会看到，这种常被讽刺为全球主义的综合意志，是不发达国家最基本的特征之一。

让我们回到被殖民者和殖民者一对一的战斗上来。我们看到，这是不折不扣的武装斗争。历史上的例子包括印度支那、印度尼西亚，当然，还有北非。不应忽视的是，这种武装斗争可能在任何地方爆发，在几内亚，或在索马里。今天，只要是殖民主义仍在延续的地方，武装斗争就会爆发，例如在安哥拉。武装斗争的存在，证明人民决定只相信武力手段。人民不断遭到指责，说他们只懂得暴力的语言，于是人民决定通过武力来表达自我。殖民者一直劝告人民，如果想获得解放，就得走殖民者那条路。被殖民者选择的论证受到殖民者的指点，讽刺的是，现在轮到被殖民者指责殖民者只知道使用武力了。殖民体制依靠武力获取正当性，也从来没有尝试掩盖事情的本质。每一座雕像，费德尔布[①]、利奥泰[②]、比若[③]、布朗当[④]等，这些矗立在殖民地上的征服者雕像，一直在表达唯一一个也是同一个意思："我们通过刺刀来到这里……"[⑤] 这句名言的全文人尽皆知。在暴乱阶段，每个殖民者都基于明确的算术进行推理。这个逻辑对其他殖民者来说不足为奇，但重要的是，连被殖民者也不以为怪。首先，对"是他们或我们"这一原则的肯定并非悖论，因为我们已经看到，殖民主义恰恰是一个善恶二元论的世界、一个分隔的世界。当殖民者在总人数不多的情况下，主张使用明确的办法，要求每个压迫者代表干掉 30 个或 100 个甚至 200 个土著时，他们发现没有人因此愤怒，问题顶多不过是要搞清楚，是一口气还是分阶段完成。[⑥]

---

① [译注] 路易·莱昂·塞扎尔·费德尔布（Louis Léon César Faidherbe，1818—1889），法国军事指挥官和殖民地行政长官，法属非洲帝国的主要创建者。

② [译注] 路易-赫伯特-贡萨伏·利奥泰（Louis-Hubert-Gonzalve Lyautey，1854—1934），法国政治家、元帅。利奥泰曾被派往阿尔及利亚、印度支那等地，后征服马达加斯加，把摩洛哥变成法国的保护国。

③ [译注] 托马-罗贝尔·比若·德·拉比贡利（Thomas-Robert Bugeaud de la Piconnerie，1784—1849），一般简称为比若元帅，法国殖民地军事学派的创始人，侵略阿尔及利亚和摩洛哥战争的策划者之一，也是近代史上第一个成功进行反游击的将领。

④ [译注] 让·皮埃尔·伊波利特·布朗当（Jean Pierre Hippolyte Blandan，1819—1842），法军中士，1838 年开始参加法国入侵阿尔及利亚的战争，战功累累，1842 年死于一场伏击。

⑤ [译注] 出自 1789 年法国大革命期间米拉波的话："我们是受命于人民才来到这里，只有刺刀能把我们赶走"。

⑥ 很显然，这种扫荡一空的方式，会摧毁本来想要拯救的事物。这正是萨特所说的："总之，通过重复（指种族主义思想）这个事实本身，揭示了所有人团结起来对抗土著是无法实现的，仅仅是循环重复，况且这种团结只有在屠杀被殖民者时才会积极地形成，这是殖民者一直抱有的荒谬企图，如果这种团结真能实现的话，会一下子消灭殖民主义。"《辩证理性批判》（*Critique de la raison dialectique*），第 346 页。

这种推理以纯算术的方式预测被殖民者的消失，并不会使人民因为义愤而乱了阵脚。被殖民者自始至终都知道，自己会和殖民者在决斗场上分出高下。因此，被殖民者不会把时间浪费在唉声叹气上，也几乎从不在殖民框架内寻求公道。事实上，如果说在殖民者的论证中，被殖民者是无法撼动的，那是因为被殖民者使用了相同的逻辑，来提出自己的解放问题："我们分成200人或500人的团队，每一队对付一个殖民者。"在这种相互的精神布局中，主角双方开始决斗。

对于被殖民者而言，这种暴力代表绝对的实践。活动分子就是在工作的人。组织向活动分子提出的问题带有这些思想的印记："你在哪儿工作过？和谁一起？做了什么？"团队要求每个人都完成一项不可逆转的行动。例如，在阿尔及利亚，几乎所有号召人民进行民族斗争的人都被判了死刑，或遭法国警察追捕。信赖度与每个事件的绝望度成正比。新加入的活动分子倘若无法再回到殖民体系中去，就成了值得信赖之人。这种体制在肯尼亚的茅茅运动中出现过。他们要求团队中的每个人都殴打被害者，也因此，每个人都要对被害者的死负责。所谓工作，就是为殖民者的死亡工作。每个人都承担暴力，误入歧途者以及被团队放逐的人因此得以回归，找回他们的位置，再度融入。就这样，暴力被理解为庄严的调停者。被殖民的人在暴力中，也通过暴力解放自己。这种实践启发了活动分子，向他们指明了手段和目的。塞泽尔[①]的诗在暴力的明确远景中具有一种预言的意义。我们有必要回顾他的悲剧中最关键的几页，造反者（瞧!）这样说：

造反者（强硬地）

我的姓：受冒犯者；我的名：受侮辱者；我的状况：反抗者；我的年龄：石器时代。

母亲

我的种族：人类。我的信仰：博爱……

造反者

我的种族：沦陷的种族。我的宗教……

但这不是您通过解除武装造就的……

而是我，我的反抗，我紧握着的可怜拳头，我那乱蓬蓬的头。

（十分平静）

我记得十一月的一天；他还不到六个月大，主人就像橙红色的月亮，走进烟灰色的茅草屋，摸了摸他结实的小胳膊小腿，这是个非常好的主人，他用粗壮的手指轻抚孩子带酒窝的小脸庞。他的蓝眼睛露出笑意，嘴里说着甜蜜的话逗孩子：这会是块好料，他看着我说，主

① ［译注］艾梅·费尔南·达维德·塞泽尔（Aimé Fernand David Césaire，1913—2008），法属马提尼克诗人、作家、政治家，与桑戈尔同为“黑人性”思想的首倡者。

人又说了些好话，说用二十年也不嫌多，要把他培养成一个好基督徒、好奴隶、忠心的好人、优秀的奴隶监工，目光敏锐、臂膀结实、有权威性。这个人看着摇篮里我的儿子，就像在看一个奴隶监工。

我们手握大刀，匍匐前进……

母亲

唉，你会死的。

造反者

杀死了……我亲手杀死了……

是的：大量的丰富的死亡……

那是在夜里，我们在甘蔗田里匍匐前进。

大刀在星光下开怀大笑，但我们没有注意星光。

甘蔗的绿叶如刀片般划伤我们的脸。

母亲

我曾梦想有个儿子来合上他母亲的双眼。

造反者

我选择让我的儿子张开双眼，看到另一个太阳。

母亲

……噢，我的儿子……死得危险又不祥。

造反者

母亲，是死得华丽又兴旺。

母亲

因为太恨了。

造反者

因为太爱了。

母亲

饶了我吧，我因你的镣铐而窒息，我因你的伤口而流血。

造反者

但这世界没有饶过我……这世上每一个被施暴的可怜人，每一个被折磨的可怜人，都让我觉得自己被谋杀了，被侮辱了。

母亲

老天爷，放过他吧。

造反者

我的心，你让我无法摆脱回忆……

那是十一月的一个晚上……

突然，叫喊声划破寂静，

我们曾卖力蹦跶，我们这些奴隶，我们这些渣滓，我们这些牛马，过去一直吞声忍气。

我们像疯子般狂奔；枪声响起……我们打人。汗和血使我们凉快。我们在越来越尖锐的叫喊声中打人。东边响起巨大的喧哗声，那是附属建筑在燃烧，火光温柔地爬上我们的脸颊。

这时该袭击主人的房子了。

他们从窗户往外射击。

我们破门而入。

主人的房门大敞着。屋里灯火通明，主人十分镇定……我们的人停下脚步……这是主人啊……我走进去。是你啊，他对我说，十分镇定……是我，就是我，我对他说，那个好奴隶、忠心耿耿的奴隶、被奴役的奴隶。突然，他的双眼像是雨天里受惊的昆虫……我一拳过去，鲜血四溅：这是今日我记得的唯一洗礼。[①]

我们明白，在这种氛围中，日常生活变得完全不可能了。不能再像从前那样，做个农夫、皮条客或酒鬼了。殖民体制的暴力与被殖民者的反暴力势均力敌，取得了平衡，在非凡的同质性中相互呼应。宗主国移民到殖民地的人越多，这种暴力的统治力就会越可怕。在被殖民的人民内部，暴力的发展与有争议的殖民体制实施的暴力成正比。在反叛时期的第一阶段，宗主国的政府也沦为了殖民者的奴隶。殖民者同时威胁被殖民者和自己的政府。他们使用同样的方法对付两者。埃维昂市长被暗杀[②]，阿里·布门杰尔[③]被杀害，其动机和机制如出一辙。

---

① 艾梅·塞泽尔：《神奇的武器（狗不吠）》（*Les Armes miraculeuses* [*Et les chiens se taisaient*]），伽里玛出版社（Gallimard），第133—137页。

② [译注] 阿尔及利亚战争末期，法国种族主义者成立“秘密军组织”，暗杀在法国的阿尔及利亚移民。1961年，法国政府与阿尔及利亚民族解放阵线决定于5月在法国埃维昂（Evian）市举行谈判，3月，埃维昂市长布朗（Camille Blanc）被炸死。

③ [译注] 阿里·布门杰尔（Ali Boumendjel，1919—1957），阿尔及利亚律师，民族主义者，1957年在阿尔及利亚战争期间被法军逮捕后遭杀害，并伪装成自杀。

对殖民者而言，不是要在阿尔及利亚的阿尔及利亚和法国的阿尔及利亚之间抉择，而是要在独立的阿尔及利亚和殖民的阿尔及利亚之间抉择。剩下的一切都是表面文章或企图背叛。殖民者的逻辑是无法改变的，我们只有在未提前了解殖民者的思想机制时，才会因为从被殖民者的行动中解码出来的反逻辑而哑口无言。自从被殖民者选择了反暴力以来，警察的报复行动便机械地招致民族力量的报复行动。结果当然是天差地别，因为飞机扫射和舰队炮击在威慑力和规模上，都使被殖民者望尘莫及。这种恐怖的来来回回，最终能够使被殖民者当中异化程度最深的人认清真相。他们发现，所有层层叠叠有关人人平等的论述，都无法掩盖这一平庸的事实：七个在萨卡莫迪（Sakamody）山口伤亡的法国人，激起了文明人的愤怒，而引发此次伏击的直接事件，是法方在盖尔古尔（Guergour）对阿拉伯游牧民族的洗劫，对当地居民的屠杀，这些都“算不得什么”。恐怖、反恐怖，暴力、反暴力……这就是观察员在描述阿尔及利亚如此显而易见、如此根深蒂固的仇恨循环时，苦涩地记录下来的内容。

在武装斗争中，有一些我们可以称之为无法回头的时刻。它几乎总是涉及大规模的镇压，囊括被殖民人民的所有领域。阿尔及利亚已经见证了这个时刻。1955 年，菲利普维尔（Philippeville）死伤1.2万人[①]；1956年，拉科斯特（Robert Lacoste）部署城市和农村的民兵部队。[②] 显然，

---

① ［译注］菲利普维尔事件是继塞提夫事件之后，第二个极大影响了阿尔及利亚战争进程的武装斗争事件。1955年8月20日，阿尔及利亚民族解放阵线在菲利普维尔进攻警局、军营等法国殖民机关，武装冲突持续数周，导致约1万名阿尔及利亚人和数百名欧洲移民死亡。

② 有必要回到这个时期，衡量法国当局在阿尔及利亚所做决定的重要性。在1957年3月28日的《阿尔及利亚抵抗》（*Résistance algérienne*）第4期上，我们可以读到："应联合国大会所愿，法国政府决定在阿尔及利亚成立城市民兵部队。联合国说，血流得够多的了；拉科斯特回答：我们要组建民兵部队。联合国建议停火；拉科斯特叫嚣：我们要把民兵武装起来。联合国建议交战双方开始接触，商讨出一个民主与和平的解决方案；拉科斯特宣布：从今天开始，每个欧洲人都要武装起来，向任何可疑分子开枪。大家认为当局应该制止野蛮的、极不公平的、近乎种族灭绝的镇压行动；拉科斯特回答：我们要使镇压行动系统化，有组织地围捕阿尔及利亚人。他象征性地把平民的权力交给军人，把军人的权力交给平民。由此形成了一个包围圈。圈子的中心是阿尔及利亚人，没有武器，忍饥挨饿，被追捕、被围剿、被施暴、被殴打，不久又因为受怀疑而被杀害。今天，在阿尔及利亚，每个法国人都被准许，甚至被劝说使用他的武器。联合国呼吁停止纷争的一个月后，每个法国人都有权利，甚至有义务去寻找、发现、追捕可疑分子。

"联合国大会投票决定最终提案的一个月后，面对现代最骇人听闻的大屠杀，没有一个在阿尔及利亚的欧洲人可以声称与之无关。民主的解决方案？拉科斯特让步说，同意，我们从灭绝阿尔及利亚人开始。为此，我们要武装平民，放手让他们去干。总体而言，巴黎的新闻界有保留地接受了这些新出现的武装团体。有人说，这是法西斯民兵队。没错。在个人及人权层面，法西斯主义难道不就是传统殖民主义国家内部的殖民主义吗？有人进一步提出，系统性合法合理的暗杀。但130年以来，阿尔及利亚人身上的伤口不是越来越明显、越来越多、越来越深吗？人民共和运动（MRP，Mouvement Républicain Populaire）政党的议员肯纳-维涅（Kenne-Vignes）提醒：当心，设立这些民兵部队，很可能会在阿尔及利亚的两个社群之间挖出一道深渊。没错。但殖民法的目的不正是有组织地奴化全部民众吗？阿尔及利亚革命正是对这种奴化、这道深渊所表达的不满。阿尔及利亚革命对占领自己土地的国家说：'松开你们咬在阿尔及利亚人伤痕累累的躯体上的獠牙！让阿尔及利亚人民说话！'

"有人说，成立这些民兵部队可以减轻军队的任务。这将释放原本负责保卫突尼斯和摩洛哥边境的部队力量。一支60万人的大军，几乎是海军和空军的总和。一支庞大的、快速的军队，吸收了曾经拷打突尼斯和摩洛哥人民的施暴者，其身后的记录让人目瞪口呆。10万兵力的本土保卫部队。必须减轻军队的负担。我们要成立城市民兵。拉科斯特那歇斯底里的罪恶狂热的确蒙蔽了许多（转下页）

包括殖民者在内，所有人都认为“不能再像以前那样从头来过了”。然而，被殖民的人民不记账。他们将队伍中的巨大空缺视作某种必然的损失。既然他们决定以暴制暴，就会接受因此造成的一切后果。只是他们要求，不要被强迫给对方记账。对“所有的土著都一样”这句老话，被殖民者回答：“所有的殖民者都一样。”① 当殖民者被拷打，妻子被强奸或杀害，他们不会向任何人抱怨。实施压迫的政府完全可以每天任命一些调查委员会和情报委员会，但

（接上页）人，甚至包括那些敏锐有远见的法国人。事实是，设立的民兵部队在证实其合理性的过程中，自身就出现了矛盾。法国军队的任务是无穷尽的。此后，他们把军队的目标设定为封住阿尔及利亚人的嘴，通往未来的大门就永远关上了。尤其他们还阻止自己去分析、理解、估量阿尔及利亚革命的深度和密度；行政区、小岛、街道、大楼、楼层等，每一处都有自己的头领……今天，在平面的分区控制基础上，增加了立体的分区控制。

“48 小时之内，就有 2000 名志愿者应征登记。阿尔及利亚的欧洲人立刻响应拉科斯特的杀戮号召。从今天起，每个欧洲人都应该清查自己区域内余留的阿尔及利亚人。提供情报，对恐怖活动‘快速反应’，拘禁可疑分子，清除‘逃亡者’，增强警力。当然，必须减轻军队的任务。在平面扫荡的基础上，增加立体的扫荡。在无组织的杀戮的基础上，增加有计划的杀戮。联合国劝告，停止流血事件。拉科斯特反驳说，要达到这个目的，最好的办法就是杀到无血可流。阿尔及利亚人民先是落在马絮（Jacques Massu）一群人手中，现在又被托付给城市民兵好好照顾。拉科斯特决定成立这些民兵部队，就是在清楚地表态，他不会让别人干涉‘他的’战争。他的存在证明了恶无止境。当然他现在已经沦为阶下囚，但让所有人都跟他一起完蛋是多么的快乐啊。

“阿尔及利亚人民每听到一个这样的决定，都增加了自己肌肉收缩的次数和斗争的强度。每经历一次这种被唆使的、有组织的杀戮，阿尔及利亚人民就增强了觉悟，巩固了抵抗。没错，法国军队的任务是无穷尽的。因为阿尔及利亚人民的团结是，噢，更加无穷尽的！”

① 这就是为何在战争初期没有俘虏。领导人通过提高干部的政治素质，才使群众接受：1）来自宗主国的人不见得都是自愿的，有时他们甚至厌恶这场战争；2）考虑到现阶段斗争的利益，需要群众运动在过程中表现出对某些国际公约的尊重；3）一支俘虏敌人的部队是正规部队，而不会再被视作一群拦路土匪；4）在任何情况下，抓住俘虏都是不容忽视的施压手段，能保护我们落在敌人手里的战士。

在被殖民者看来，这些委员会压根不存在。事实上，法国人在阿尔及利亚犯下罪行已经快七年了，却没有一个人以杀死阿尔及利亚人的罪名被移交法庭。在印度支那，在马达加斯加，在那些殖民地，土著始终都知道，对于另一头，不要抱任何期望。殖民者的工作，是消除被殖民者获得自由的可能性，甚至是做自由之梦的可能性。被殖民者的工作，是构想所有可能消灭殖民者的办法。在逻辑上，殖民者的善恶二元论导致了被殖民者的善恶二元论。“殖民者绝对邪恶”之说，是对“土著绝对邪恶”之说的回应。

综合来看，殖民者的出现意味着本土社会的消亡、文化的麻痹、个体的僵化。被殖民者认为，生命只能从殖民者正在腐烂的尸体中显现。这是两种论证逐字逐句的对应。

但对被殖民的人民而言，暴力是他们唯一的工作，因此具有积极和有益的特点。暴力的巨链原本是为了对抗殖民主义最初的暴力而出现的，既然每个人都变成了暴力巨链上的一环，暴力的实践就变得全体化了。各个团体互相承认，未来的国家已经是共有的了。武装斗争动员了人民，把人民投向唯一的方向，没有回头路。

解放战争在动员群众的时候，也在每个人的脑海中，引入共同的事业、国家的命运、集体的历史等意识。因此，进入第二阶段，即国家建设时，因为砂浆在鲜血和愤怒中搅拌过，任务便更容易完成。我们因此更加理解不发达国家所用词汇的独特性。在殖民时期，我们号召人民起来反抗压迫。民族解放以后，我们鼓励人民反抗贫困、文盲和落后。我们宣称，斗争仍在持续。人民证实，生活是永无休止的战斗。

我们已经说过，被殖民者的暴力统一了人民。殖民主义就其结构而言，是分离主义和地方主义的。殖民主义观察到不同部落的存在，便对其展开支援和分化。殖民体制维护各酋长的管辖区，使古老的“马拉布”① 宗教团体复活。暴力在实践中是全体化、民族化的。因此，暴力的内核包含对地方主义和部落主义的清除。民族主义政党面对本地的司法行政官和部落酋长，也表现得尤其冷酷无情。清除司法行政官和部落酋长是民族统一的先决条件。

在个人层面，暴力有解毒作用。暴力使被殖民者摆脱自卑情结，摆脱观望和绝望的态度。暴力使被殖民者变得勇敢，亲眼见证自己重获尊严。即使武装斗争是象征性的，因迅速的非殖民化而解除动员，但人民还是来得及借机说服自己，解放是所有人和每个人的事业，不是领导人的特殊功劳。暴力把人民提升到领导人的高度。因此，当年轻的政府迅速设置一套礼仪制度时，人民表现得有些迟疑，甚至略带挑衅。群众在暴力中参与了民族解放，便不

① ［译注］马拉布（marabout），伊斯兰教隐士，在北非与西非的部落或穆斯林社区中担任宗教与政治领袖，常作为当地《古兰经》学校的老师负责传授儿童经义，同时还可能进行民事裁决、草药治疗、通灵驱魔等，受到民众的尊敬。

允许任何人自称“救星”。他们仿佛嫉妒自己行动的成果，提防将自己的未来、自己的命运以及祖国的命运交给一个活上帝。昨天，他们还完全不用承担责任，今天，他们想要理解一切，决定一切。人民的觉悟受到暴力的启发，反对一切和解。那些煽动家、投机者、魔术师今后的任务艰巨了。群众曾投入绝望的肉搏战，这种实践使他们特别偏好具体的事物。从长远来看，愚弄群众实际上已经不可能了。

论国际环境中的暴力

我们在前文中多次指出，在不发达地区，政治领导人始终在号召人民进行战斗。为反殖民主义而战斗，为反贫困和不发达而战斗，为反使人衰弱的传统而战斗。号召中所使用的词汇就像是一个部队的参谋长使用的词汇："群众动员""农业战线""文盲战线""遭遇失败""获得胜利"。年轻的独立国家在最初几年里都充斥着战场的气氛。那是因为，不发达国家的政治领导人总是心惊胆战地估算着他的国家需要跨越的漫长道路。他们呼吁人民："让我们扎紧腰带，加油干。"国家被某种创造性的狂热气氛裹挟，付出巨大且不成比例的努力。规划不仅是要摆脱困境，还要利用现有资源尽可能赶上其他国家。他们认为，欧洲人达到现在的发展阶段，是他们努力的结果。"让我们向世界，也向自己证明，我们能够取得同样的成就。"但在我们看来，用这种方式来提出不发达国家的发展问题，既不正确，亦不理智。

欧洲国家实现民族统一，是在民族资产阶级手中聚集了大部分财富的时候。商人和手工业者，教士和银行家，在全国范围内垄断了金融、贸易和科学。资产阶级代表其中最具活力、最繁荣的阶级。资产阶级掌握权力，便能够投身于一些决定性的规划：工业化，发展交通，不久的将来寻找“海外”市场。

在欧洲，除了一些细微的差异（例如英国曾稍稍领先），不同国家在实现民族统一的时候，经济状况都近乎相同。没有哪个国家因其发展和演变的特点，能够“无视”其他国家。

今天，在不发达地区，民族独立和国家形成展现出全新的面貌。在这些地区，除了个别惊人的成就之外，不同国家都同样表现出基础设施的缺乏。群众与同样的贫困作斗争，以同样的姿态挣扎，用他们萎缩的胃描绘可以称之为饥饿地理①的东西。不发达的世界，贫困的世界，非人道的世界。同样也是没有医生，没有工程师，没有行政管理人员的世界。面对这个世界，欧洲国家横躺着，炫耀自己的富足。欧洲的这种富足是十足可耻的，因为它建立在奴隶的背上，吸的是奴隶的血，直接压榨了不发达国家地

① [译注] 饥饿地理（géographie de la faim），出自巴西地理学家、作家若苏埃·德·卡斯特罗（Josué de Castro）的著作《饥饿地理》（*Geografía del Hambre*，1961）。

上和地下的资源。欧洲的福利和进步，是用黑人、阿拉伯人、印第安人和黄种人的汗水及尸体建立起来的。这一点，我们决定永不忘记。殖民国家因为殖民地要求独立而感到尴尬，对民族主义领导人说："如果你们想要独立，那就独立，回到中世纪去。"新独立的人民作势点头，接下挑战。我们看到，殖民主义真的抽走了资本，撤走了技术人员，还在年轻的国家周围安好给经济施压的装置。① 无上光荣的独立变成了被诅咒的独立。殖民势力想要通过强大的制裁手段，迫使年轻的国家退缩。殖民势力明确说："既然你们要独立，那就独立，然后等死吧。"民族主义领导人别无他法，只能转向他们的人民，要求人民做出巨大的努力。他们要求这些饥饿的人过苦修生活，要这些萎缩的肌肉承担超额劳动。自给自足的制度建立了，

---

① 在当今的国际局势下，资本主义没有用经济封锁来对付那几个仅存的非洲和亚洲殖民地。美国以反卡斯特罗行动，在美洲为人类艰难的解放史开创了新篇章。那些已经进入联合国、铸造自己货币的拉丁美洲独立国家，对非洲而言是个教训。那些旧殖民地从解放以来，就在恐惧和贫困中，忍受西方资本主义的无情法则。

非洲的解放，人类意识的发展，使拉丁美洲人民能够和那些一个接着一个却换汤不换药的独裁体制决裂。卡斯特罗夺取了古巴的政权，将权力交给人民。面对这个异端，美国佬似乎感觉大祸临头，他们组织了一些反革命军队，炮制了一个临时政府，烧毁了收获的甘蔗，最终决定无情地扼杀古巴人民。但这谈何容易。古巴人民将遭受苦难，但终将获得胜利。巴西总统雅尼奥·奎德罗斯（Janio Quadros）在一次具有重要历史意义的宣言中，声明他的国家将使用一切手段捍卫古巴革命。美国自己也会在各国人民的意志面前退却。等到那一天，我们会张灯结彩，因为那是全世界男男女女关键的一天。美元的地位由遍布全球的奴隶确立，这些奴隶分布在中东的油井里、秘鲁或刚果的矿洞里、联合果品公司（United Fruit）或凡士通（Firestone）的种植园里，他们脑袋空空，肚里也空空，以自己的养分创造并维持了美元，但到了那一天，美元将失去对这些奴隶强有力的控制。

每个国家都尝试用其掌握得少得可怜的资源，去应对全国性的饥饿和贫苦。我们目睹了一场人民的动员，人民疲惫不堪，心力交瘁，对面的欧洲则吃饱喝足，面露鄙意。

其他第三世界国家拒绝这种考验，接受过去受托国的条件，以此渡过难关。这些国家利用自己在两大阵营的斗争中具有特殊意义的战略位置，签订了一些条约，受其约束。从前被统治的国家，如今变成经济的附庸国。原殖民势力的商业流通渠道完好无损，有时甚至还得以加强，他们同意以挤牙膏的方式一点一点地给独立国家提供预算。于是我们看到，殖民地国家独立以后，世界面临一个基本问题：殖民地国家的民族解放暴露了它们的真实状况，并使这种状况变得更加难以忍受。主要的对决原本发生在殖民主义与反殖民主义之间，甚至资本主义与社会主义之间，现在已经失去了重要性。今天，会阻碍前景的真正问题，在于财富的重新分配。人类即便可能被后果震撼，也必须回答这个问题。

我们通常会认为，对于全世界，尤其是第三世界来说，在资本主义制度和社会主义制度之间做出选择的时刻到了。不发达国家利用两种制度之间的残酷竞争，保证了民族解放斗争的胜利，如今应该从这种竞争中挣脱出来。第三世界不应满足于用此前的价值来定义自身。相反，不发达国家应该努力向世界推送属于自己的价值、自身特有的方法和风格。我们面对的具体问题，不是要像不同时期、不同大陆的人定义的那样，不惜一切代价，在社会主义和资本主义之间做出选择。当然，我们知道，资本主义作为一种生活方式，并不能使我们完成国家和全球性的任务。资本主义剥削、托拉斯和垄断是不发达国家的敌人。相反，选择社会主义制度，一个完全转向全体人民的制度，建立在人是最宝贵的财富这一原则基础上的制度，能够使我们走得更快、更协调，避免出现这样讽刺的社会画面：不是国家整体，而是个别人掌握全部的政治和经济力量。

但要使这个制度能够有效地发挥作用，要使我们能够时刻遵守我们所借鉴的原则，除了人力投资之外，我们还需要别的东西。部分不发达国家朝着这个方向全力以赴。男女老少都热情似火，投入到真正的强迫性劳动中去，声称自己是国家的奴隶。自我牺牲，鄙视一切非集体的事业，由此催生出一种国家士气，在抚慰人心的同时，让人重拾对世界命运的信心，使最持保留态度的观察员卸下武装。然而我们知道，这样狂热的工作节奏不可能持续很久。在前宗主国无条件撤出后，这些年轻的国家直面挑战。国家落在一个新的领导班子手中，一切都要重新掌控，一切都要重新思考。殖民体制实际上只关注某些财富、某些资源，确切地说，是其工业所需。截至目前，不管是地上还是地下的资源，都没有一份可靠的整体报告。

于是，年轻的独立国家不得不继续维持由殖民体制建立的经济流通渠道。当然它也可以向别的国家、别的货币区出口，但它的出口基础并没有发生根本性变化。殖民体制固定了一些经济流通渠道，如果试图改变，就可能招致灾难。也许应该重新开始，改变出口的性质，而不仅仅是出口的目的地，重新探查地上、地下、河流的资源，甚至太阳也未尝不可。可要这么做，除了人力投资之外，我们还需要别的东西。需要资本、技术人员、工程师、机械师，等等。坦白承认吧，我们认为，不发达国家的人民在其领导人的鼓励下，即便付出卓绝的努力，也不会取得预期的结果。帝国主义势力曾把这个世界里的人变成动物，如果劳动条件不改变，要使动物重新变回人，将需要几个世纪的努力。①

事实是，我们不应该接受这些条件。我们应该断然拒绝西方国家想要强加给我们的境况，殖民主义和帝国主义把旗帜和警力从我们的领土上撤走时，并没有还清欠我们的债务。几百年来，资本家在不发达国家的所作所为，如同真正的战犯。资本主义为了增加黄金和钻石储量，增加财富，建立势力，所用的主要手段包括关押、屠杀、劳役、奴役等。不久以前，纳粹主义把整个欧洲变成了真正的殖

① 某些国家受惠于大量的欧洲移民，在独立时便拥有高墙大道，似乎忘记了内陆贫困挨饿的国家。命运的讽刺，这些国家的沉默就像某种共谋，似乎他们的城市是与独立同时出现的。

民地。欧洲各国政府要求赔偿，以金钱与实物的形式归还他们被抢走的财富，将文化作品、画作、雕刻、彩绘玻璃等物归原主。1945 年胜利之后，欧洲人嘴里只有一句话："德国要赔偿。"阿登纳[①]先生在艾希曼案件[②]开始审理时，代表德国人民再次向犹太人民道歉。他重新承诺，他的国家会继续向以色列支付巨款，作为对纳粹罪行的赔偿。[③]

同样，我们可以说，如果帝国主义国家只局限于把军队、行政部门和后勤部门从我们的土地上撤走——这些部门的职责是发现财富，开采财富，把这些财富送回宗主国——那么它们就犯下了严重的错误和无法形容的不公正。民族独立的精神补偿没有蒙住我们的双眼，也不能养活我们。帝国主义国家的财富也是我们的财富。一般层面

---

① ［译注］康拉德·阿登纳（Konrad Adenauer，1876—1967），德国政治家，联邦德国首任总理，并四次连任。在他的领导下，德国在二战后重获主权，提高了联邦德国的国际地位，创造了德国"经济奇迹"。

② ［译注］1960 年，以色列成功追捕了对迫害欧洲 600 万犹太人负有直接责任的纳粹战犯阿道夫·艾希曼（Adolf Eichmann，1906—1962），并于 1962 年判处其死刑。

③ 真正的情况是，德国没有完全赔偿战争罪行。受害国没有向战败的德国索要全部的赔偿金，因为这些国家把德国纳入反共产主义的防御体系内。出于这一考虑，由于旧殖民地没有被纳入西方体制，因此殖民国家企图获取旧殖民地的军事基地和飞地。它们以北大西洋公约组织的战略和自由世界的名义，放弃索要赔款。于是我们看到，德国源源不断地得到美元和机器。一个重新站起来的强大德国对于西方阵营而言是不可或缺的。所谓自由欧洲的利益需要一个重建的、繁荣的德国，一旦红色部队入侵，就能充当第一道防线。德国完美地利用了欧洲危机。因此，美国和其他欧洲国家面对德国感到苦涩，这是正常的。这个昨天还跪在它们面前的德国，今天却在经济市场上与它们无情交锋。

上，这一断言绝不意味着我们认为西方的技术和艺术创造与我们相关。具体而言，欧洲的过度膨胀得益于殖民地国家的黄金和原材料：拉丁美洲、中国、非洲。几百年来，钻石和石油、丝绸和棉花、木材和舶来品从这些大陆源源不绝地流入欧洲，使今天的欧洲在对岸建起富足之塔。欧洲完全是靠第三世界建起来的。那些多得让欧洲透不过气来的财富，都是从不发达国家人民的手中掠夺来的。荷兰的港口，波尔多和利物浦专门贩卖黑奴的码头，由于先后运送了几百万奴隶而声名远播。当我们听到某个欧洲国家元首把手放在胸口上，动情地说，应该帮助不幸的不发达国家的人民时，我们不用对此感恩戴德。相反，我们对自己说："这是对我们的合理赔偿。"因此，我们不会接受将对不发达国家的帮助视作某种"慈善修女会"（soeurs de charité）项目。这种帮助应该是对双重意识的认可：被殖民者意识到，这是"他们欠我们的"；资本主义国家则意识到，这是"他们该偿还的"[①]。如果资本主义国家不够聪明——我们姑且不说它们忘恩负义——拒绝赔偿，那么它们自身制度中那些无法逃避的辩证法，将铺天盖地地指责

① "将社会主义在欧洲的建设与'和第三世界的关系'（好像我们跟第三世界只有外部联系似的）彻底加以区别，这是自觉或不自觉地将对殖民遗产的治理置于不发达国家的民族解放之上，是想要在帝国掠夺的成果上建立一种奢侈的社会主义——就像在一个匪帮内部，强盗自己相对公平地分了赃，然后又以做好事的名义分了一点给穷人，而忘了这些都是从穷人那里掠夺来的财物。"马赛尔·佩朱（Marcel Péju）：《为戴高乐而死?》（"Mourir pour de Gaulle?"），《现代》（*Les Temps modernes*），1960年10—11月期，第175—176页。

它们，使它们窒息。年轻的国家很少能吸引到私人投资，这是事实。有诸多理由可以为这些垄断企业的保留态度做辩护和解释。当资本家得知——他们显然是最先得到风声的人——他们的政府准备非殖民化，他们就急匆匆地从殖民地抽走他们的全部资本。非殖民化最常见的现象之一，就是惊心动魄的资本逃离。

私营企业要在新独立的国家投资，会提出一些根据经验难以接受或无法实现的条件。资本家从决定“出海”时，就一直秉持立即盈利的原则，他们坚守这一原则，对所有的长期投资都表现得迟疑不决。对新政府制定的所谓计划和纲领，他们表现得颇为抗拒，甚至常常公开敌视。在万不得已的情况下，他们也会自愿借钱给年轻的国家，但条件是这些钱要用来购买成品与机器，也就是要用来维持宗主国工厂的运转。

实际上，西方金融集团的不信任，表现为它们不愿意冒任何风险。因此它们要求政治环境的稳定和社会气候的宁静，但考虑到独立后所有人的悲惨境遇，它们的要求是不可能实现的。它们要求旧殖民地提供不可能做出的保证，要求保留某些驻军，或要求年轻的国家签订一些经济或军事条约。私营企业还向自己的政府施压，要求政府至少在这些国家设置军事基地，以此保护它们的利益。最后，这些公司还要求它们的政府担保它们在这个或那个不发达地区的投资。

很少有国家能达到托拉斯和垄断集团要求的条件。于是资本无处可去，只能堆积在欧洲，停滞不动。因为资本家拒绝在本土投资，资本更是停滞不动。在这种情况下盈利微薄，税收检查则令最大胆的资本家也裹足不前。

从长期来看，情况是灾难性的。资本不再流通，或巨幅缩减。瑞士银行拒绝资本，欧洲喘不过气来。尽管在军事开支上耗费巨资，国际资本主义还是陷入绝境。

然而，还有另一个危险在威胁着国际资本主义。西方国家大玩自私和不义，第三世界被抛弃，被迫倒退，总而言之，停滞不前，于是，不发达国家的人民决定发展自给自足的集体制。西方产业将很快失去海外市场。成山的机器会堆积在仓库里，欧洲市场上，金融集团和托拉斯之间会展开一场你死我活的斗争。工厂倒闭、解雇和失业将导致欧洲无产阶级发动一场对资本主义制度的公开斗争。垄断集团会意识到，他们要获得利益，就要帮助，大量帮助，无过多附加条件地帮助不发达国家。第三世界年轻的国家压根没有必要向资本主义国家献媚乞怜。我们的天然权利，我们的正确立场，使我们拥有强大的力量。相反，我们应该告诉资本主义国家，现今时代的根本问题不是它们和社会主义制度之间的战争。应该结束这场看不到任何未来的冷战，停止世界核武器化的准备，慷慨地投资不发达地区，并在技术上予以帮助。世界的命运取决于这一问题的答案。

面对无数饥饿的有色人群，资本主义制度并非没有尝试过使社会主义制度关注“欧洲的命运”。加加林[1]上校的功绩，无论戴高乐将军怎么想，也不能算是一项“光耀欧洲”的壮举。近来，资本主义国家的领导人和文化人士对苏联抱有矛盾的态度。他们为了消灭社会主义制度而联合起来，现在却意识到必须接受这一制度。于是他们变得和蔼可亲，使用多种诱惑手段，不断提醒苏联人民，他们“属于欧洲”。

倘若搅动第三世界，将其视作威胁着要吞没欧洲的洪流，便无法分离出那些旨在引导人类走向幸福的进步力量。第三世界无意组织一支庞大的饥饿十字军，征战整个欧洲。面对这些使自己沦为奴隶几百年的人，第三世界所期望的，不过是对方帮助自己恢复做人的尊严，使人类在世界各地获得一劳永逸的胜利。

但有一点很清楚，我们不会天真地以为，通过欧洲政府的合作和善意，此事就会达成。这项把人类、把全体人类重新引入世界的巨大工程，离不开欧洲群众决定性的帮助。他们必须承认，过去，在殖民问题上，他们常常和我们共同的主人站在同一立场。为此，首先，欧洲群众必须觉醒，动动自己的脑子，停止玩那不负责任的睡美人游戏。

---

① ［译注］尤里·加加林（Ю́рий Алексе́евич Гага́рин，Yuri Alekseyevich Gagarin，1934—1968），苏联飞行员、航天员。1961 年，加加林完成了世界上首次载人太空飞行。1968 年，他在一次例行任务中丧生。

第二章　自发性的伟大和弱点

对暴力的反省和思考使我们意识到，在民族主义政党干部和群众之间常存在一种差距，一种不同的节奏。在所有的政治组织或工会组织中，群众和干部之间总有一道鸿沟，群众要求立即且全面地改善他们的境况，干部则权衡资方可能制造的困难，选择限制和缩减群众的要求。因此，我们常能观察到，群众对干部抱有根深蒂固的不满。一整天的请愿结束后，干部们庆祝胜利，群众却真真切切地感觉自己被出卖了。请愿示威和工会斗争日渐频繁，促进了群众的政治化。一个有政治经验的工会干部知道，地方冲突不是他自己和资方之间的决定性争论。被殖民的知识分子研究过他们各自宗主国中政治党派的运作模式，现在正组织类似的机构，以便发动群众，向殖民当局施压。殖民地国家中，民族主义政党以及由知识分子和商人组成的精英阶层是同时代的产物。精英们极为重视此类组织，他们对组织的盲目崇拜，常使对殖民社会的理性研究退居二线。政党的概念是从宗主国进口而来的。这种现代斗争的工具被用来应对多形式、不平衡的现实，一种奴隶制、农奴制、以物易物、手工业和股票交易活动并存的现实。

政党的弱点，不仅仅是在高度工业化的资本主义社会中，对一个引领无产阶级斗争的组织，只是机械地加以利用。在组织形态问题上，本应产生一些适应当地现实的创新和改良。不发达地区绝大多数政治党派最大的错误、先天性的缺陷，就是走老路，先找最有政治觉悟的社会群体：城市无产阶级、手工业者、公务员等，但这些人往往只占总人口的不到百分之一。

然而，这个无产阶级尽管能够理解政党的宣传，能够阅读它们的文献，但面对为了获得民族解放而不可避免的斗争，无产阶级并未充分准备好回应任何口号。我们多次指出，在殖民地，无产阶级作为被殖民人民的核心，最受殖民体制的宠爱。处于萌芽状态的城市无产阶级相对获得优待。在资本主义国家，无产阶级没什么可失去的，可一旦获胜，就可能赢得一切。在殖民地国家，无产阶级却可能失去一切。的确，无产阶级正是为了维持殖民机器的正常运转而必不可少、也无法代替的那部分被殖民的人民：电车司机、出租车司机、矿工、码头工人、翻译、护士，等等。这些人构成了民族主义政党最忠实的拥护者，同时，由于他们在殖民体系中占据特权地位，也构成了被殖民的人民中的“资产阶级”部分。

由此，我们明白，民族主义政党的支持者首先是城市居民：生产主管、工人、知识分子和商人主要住在城市里。他们生活在相对富裕的技术环境中，其思想类型已经带有该环境的诸多烙印。这里，“现代主义”就是王。正是这些人要求反对蒙昧的传统，改良习俗，以此与构成民族底盘的陈旧花岗岩基石公开宣战。

绝大多数民族主义政党对农民群众都十分不信任。事实上，这些群众带给它们的印象是整日暮气沉沉、无所事事。民族主义政党的成员（城市工人和知识分子）很快就和殖民者一样，给予农村负面的评价。如果我们试图了解政党为何如此不信任农村群众，就必须考虑这个事实：殖民主义经常有组织地使农村僵化，来加强或巩固其统治。农村群众受马拉布、巫师、部落首领的看管，仍生活在封建时代，这种中世纪结构的全能统治，受到殖民主义的行政长官或军人的精心维护。

年轻的民族资产阶级，尤其是商人们，要在多个领域和这些封建领主竞争：马拉布和巫师阻止病人去看医生；长老会主持审判，使律师无用武之地；本地司法行政官利用手里的政治和管理权力，做买卖或开辟运输线；部落首领借宗教和传统的名义，反对引进新贸易和新产品。

作为新兴阶级，被殖民的大小商人为了发展壮大，必须使这些禁令和障碍消失。封建领主将本地的土著客户群视作保留猎物，或多或少禁止他们购买新产品，这就构成了一个引发双方争夺的市场。

这些封建领袖在西化的民族主义青年和群众之间筑起了一道屏障。每当精英朝农村群众使劲，部落首领、行会会长和传统的权威人士就会加紧防范，威胁要把他们驱逐出去。这些被占领国认可的传统权威人士，不乐意见到精英们尝试渗透进农村发展。他们知道，这些城里人带来的思想，会对封建制度的永久性原则提出异议。因此，他们的敌人不是占领势力，他们与占领势力大体上是和睦共处的；他们的敌人是这些打算瓦解原始社会，并由此从他们的嘴里夺走面包的现代主义者。

西化分子在农民群众身上体验到的情感，让人联想起在工业化国家的无产阶级内部体验到的情感。资产阶级革命的历史和无产阶级革命的历史都表明，农民群众常常成为革命的绊脚石。在工业化国家，农民群众通常是最不具备觉悟、最无组织和最无政府主义的。他们表现出的总体特征是：个人主义，不守纪律，贪财好利，容易发怒，也容易气馁。这一切注定了一种客观上的反动行为。

我们看到，民族主义政党模仿西方政党的模式和学说，因此，在大多数情况下，它们没有向农村群众发起宣传。事实上，如果对殖民地社会进行理性分析的话（如果有这样的分析），我们就会发现，被殖民的农民生活在一个结构依旧完整的传统环境中，而在工业化国家，工业化进步已经使这一传统环境产生了裂痕。我们正是在殖民地处于萌芽状态的无产阶级内部，发现了一些个人主义行为。农村膨胀的人口成为难以解决的问题，失去土地的农民抛弃农村，变成流氓无产阶级（lumpen-prolétariat），涌向城市，聚集在贫民窟中，试图进入因殖民统治而诞生的港口和城市。大部分农民群众继续生活在一成不变的环境中，多余的人口没有其他资源，只好涌向城市。留在家乡的农民固守传统，在殖民地社会，他们代表了维持团体社会结构的守纪律分子。确实，这种蜷缩在僵化的结构中一成不变的生活，可能会不时导致一些宗教狂热运动或部落战争。但农民群众自发地遵守纪律，维持利他主义。个人在团体面前消失了。

农民不信任城里人。城里人穿得像欧洲人，说欧洲人的话，和欧洲人一起工作，有时住在欧洲人的聚居区里，农民将他们视作抛弃所有民族遗产的变节者。城里人是“叛徒、被收买的人”，他们似乎与占领者和睦相处，并努力在殖民体制框架中获得成功。所以我们经常会听到农民说，城里人丧失了道德。此处并不涉及农村和城市的典型对立，而是被排除在殖民主义既得利益之外的被殖民者，和设法在殖民剥削中分得一杯羹的被殖民者之间的对立。

这种对立还被殖民主义者用在反对民族主义政党的斗争中。他们发动山里人、内陆人，反对城里人。他们挑动内地反对沿海，他们使部落势力重新活跃，因此，我们看到卡隆吉自封为南开赛国王时①，应该像几年前看到加纳酋长大会反对恩克鲁玛时一样②，不必大惊小怪。

政党没能在农村安插自己的组织。这些政党不去利用现存的结构，将其注入民族主义或进步主义的内容，却打算在殖民体制的框架内，推翻传统的现实。它们信心满满，要使民族这条大船重新起航，殊不知，殖民体制的锚链依然沉重地落在水中。它们不去拥抱群众，没有运用自己的理论知识为人民服务，却企图根据预设的方案，把群众框起来。一些无名小卒或毛头小伙从首都空降过来，这些由中央机关授权的领导人，打算像指挥企业的基层单位那样，来领导乡镇村落。传统的部落首领被忽视，甚至被刁难。未来的民族历史本应该和谐地将村落的历史、将部落和家族传统冲突的历史写进号召人民的决定性行动中去，但这种唯一的民族现实，却奇特地被肆意践踏为地方小传记。老人在传统社会中备受尊敬，享有毋庸置疑的威

---

① [译注] 1960 年 7 月 11 日，刚果军阀、加丹加省长、科纳卡特党领导人莫伊兹·冲伯宣布加丹加独立，自任“加丹加共和国”总统，但未获得任何国家承认。8 月 8 日，卢巴族领袖阿尔贝·卡隆吉（Albert Kalondji，1929—2015）起而效尤，宣布南开赛（Sud-Kasaï）独立，自封为总统。加丹加和南开赛是刚果的矿产重地，当时中央政府的全部收入几乎都来自于此。

② [译注] 在加纳筹备独立之前，由夸梅·恩克鲁玛（Kwame Nkrumah，1909—1972）组建的人民大会党在 1954 年的议会选举中占据多数。一些反对派发起民族解放运动，要求建立联邦制政府及一个议会上院，使酋长等传统领导人能够在议会中对抗人民大会党。争议一直持续到加纳独立（1957 年 3 月 6 日）前夕。最终，加纳被分成五个地区，权力从加纳首都阿克拉下放，酋长在其政府中发挥作用。

望，现在却被当众奚落。占领者当局没有放过利用这些积怨的机会，随时掌握这个可笑的权力机关所做的大小决定。建立在精准情报基础上的警察镇压倾泻而至。空降的领导人、新议会的重要成员统统被捕。

民族主义政党遭受的失败验证了它们的“理论分析”。它们试图招揽农村群众，却往往以失败告终，这加深了它们的不信任，甚至凝结成它们对这部分人民的攻击性。民族解放斗争胜利之后，它们又重蹈覆辙，导致地方分权和自治倾向愈演愈烈。殖民时期的部落主义让位于民族时期的地方主义，演变成制度性的表达，就是联邦主义。

农村群众虽然没有受到民族主义政党多大影响，但无论是推动民族意识的成熟，还是接替民族主义政党的行动，抑或是在极少数情况下，纯粹是取代这些政党的无所作为，他们都起到了决定性作用。

民族主义政党的宣传总是能在农民群众内部得到共鸣。在农村，反殖民时代的回忆恍若隔日。妇女依旧在孩子耳边哼唱着彼时伴随战士们抵抗征服的歌谣。村童在十二三岁时，就知道那些参加过最后一次抵抗行动的老人的名字。孩子们在村子里做的梦，不是如城里的孩子一般，获得贵重礼物或通过考试的梦，而是自己化身为这个或那个战士的梦。这些战士壮烈牺牲的故事，今天依然能让人潸然泪下。

当民族主义政党试图把城市中处于萌芽状态的工人阶级组织起来的时候，在农村地区，我们目睹了一些表面上看绝对无法理解的突发状况。例如 1947 年在马达加斯加爆发的那场著名起义①。殖民当局的官方说法：这是一场农民起义。今天我们知道，事情的真相总是要复杂得多。在第二次世界大战期间，大型殖民公司扩张势力，夺取了几乎全部的闲置土地。同一时期，我们在讨论将犹太难民、卡比尔人②、安的列斯人③安置在岛上的可能性。同样还有流言，说南非的白人很快会伙同殖民者占领马达加斯加岛。于是，战后，民族主义候选人纷纷当选。没过多久，马尔加什革新民主运动（MDRM，Mouvement démocratique de la rénovation malgache）的支部遭到镇压。殖民主义为了达到目的，使用了最传统的手段：大批逮捕，在不同部落间宣扬种族主义，扶持流氓无产阶级中的无组织分子建立

① ［译注］1946 年，“马尔加什革新民主运动”组织成立，主张马达加斯加独立，要求保证人民广泛的政治权利。在二战后成立的法国第四共和国制宪议会中，马尔加什代表团提出允许马达加斯加在法兰西联邦内独立的请求。随后岛内举行全民公投，赞成独立。但法国不承认该结果，试图阻挠。1947 年 3 月，马达加斯加爆发了马尔加什人反抗法国殖民统治的民族起义。

② ［译注］卡比尔人（Kabyle），阿尔及利亚的柏柏尔人，多信奉伊斯兰教，以农业为生，居住在半山区地带，从地中海延伸到大卡比利亚（Grande Kabylie）高地南坡，从代利斯（Dellys）延伸到奥卡斯（Aokas）角。

③ ［译注］安的列斯人（Antillais），指安的列斯群岛上的居民。安的列斯群岛位于南美、北美两块大陆之间的加勒比海，指西印度群岛中除巴哈马群岛以外的全部岛群，由大安的列斯群岛和小安的列斯群岛组成。

新的政党。这个所谓的马达加斯加穷人党（PADESM，Parti des déshérités de Madagascar）多次关键性的挑衅，给殖民当局提供了维持秩序的合法理由。然而，预先准备好清除一个党派，这本是一场普通行动，可后来规模却变得宏大起来。农村群众三四年来一直采取守势，现在却突然发现自己面临死亡的威胁，便决定狠狠反抗殖民主义的武力。人民手持捕猎的标枪，更多时候是石块和木棍，投入民族解放的起义大潮。我们知道结果如何。

这些武装起义仅仅代表了农村群众介入民族斗争所使用的手段之一。有时候，城市里的民族主义政党成为警察镇压的目标，农民便接替城市的动乱。消息传到广袤的农村，无限广袤的农村：领袖被捕，机枪扫射，黑人的鲜血洒满城市，小殖民者大肆屠杀阿拉伯人。仇上加仇，激化的仇恨爆发了。邻近的警察局被包围，警察被撕碎，教师被杀害，医生因不在场而幸免于难，等等。平叛部队抵达现场，飞机出动轰炸。起义的大旗由此徐徐展开，古老的战争传统重新出现，女人鼓掌相庆，男人组织起来，在山里占领阵地，游击战开始了。农民自发地到处制造动乱，殖民者害怕了，或陷入战争，或开启和谈。

对于农村群众在民族斗争中这种关键性的闯入，民族主义政党作何反应？我们看到，大部分民族主义政党没有把武装行动的必要性列入宣传。它们并不反对起义持续下去，但满足于完全信任乡下人的自发性。大体上，它们将这一新元素视作天上掉下来的馅饼，向命运祈求继续天赐横福。它们利用这块天上掉下来的馅饼，但没有尝试去组织起义。它们没有派干部进驻农村，使农民政治化，启迪他们的觉悟，提高战斗水平。它们希望这些群众趁势而为，运动不要放慢速度。城市的运动没有感染农村的运动。双方依据各自的辩证逻辑向前发展。

即便农村群众已经完全做好准备，民族主义政党依旧没有下达明确指令。它们没有向农村群众提出目标，只希望这场运动无限期地持续下去，不要被轰炸平息。因此我们发现，即便在这样的时刻，民族主义政党仍旧没有把握机会，把农村群众拉拢过来，使他们政治化，提高他们的斗争水平。民族主义政党对农村保持不信任的立场，这几乎可以称得上是犯罪。

政治干部躲在城里，或干脆跑去国外，让殖民者明白他们和造反者没有关系。很少见到他们去山里加入人民。例如，在肯尼亚茅茅运动期间，没有任何知名的民族主义者公开宣称自己加入了这场运动，或试图保护这些人。

在国家的不同阶层之间，没有充分的解释，也没有对质。而且，独立发生在农村群众被镇压、殖民主义和民族主义政党和解之后，因此，这种不理解的程度加深了。对政府提出的结构改革，以及客观上具有进步意义的社会革新，农民都持保留态度，因为确切地说，当前体制的负责人在殖民时期，就从未向全体人民说明过政党的目标、国家的方针、国际上的问题，等等。

在殖民时期，农民和地方首领不信任民族主义政党；在民族时期，这种不信任变成了敌意。殖民主义的秘密机关没有在独立后解除武装，而是继续维持民众的不满情绪，不断给年轻的政府制造棘手的麻烦。总而言之，政府是在为解放时期的懒惰和对农村人民的持续蔑视付出代价。国家的头脑可能是理智的，甚至是进步的，但其庞大的身躯依旧虚弱、倔强、不愿合作。

于是，我们尝试通过中央集权和牢牢控制人民来摧毁这具身躯。我们常听说，在不发达国家必须要有一定量的专政，这就是理由之一。领导人不信任农村群众。例如，某些政府在民族独立很久之后，依然将内陆视作不安定地区，国家元首和部长只有在军事演习时才会冒险进入。内陆实际上已经被化约为陌生之地。吊诡的是，民族政府对待农村群众的某些行为会让人联想到殖民政权。“我们不太清楚群众会作何反应，”年轻的领导人毫不迟疑地说，“要让国家走出中世纪，就必须用棍子。”可是我们已经观察到，政党在殖民阶段随便无礼地对待农村群众，这种态度只会损害民族团结，加速国家失控。

有时，殖民主义试图分化、瓦解民族主义浪潮。地方上没有扶持酋长和长老来反对城里的“革命者”，而是组织部落和行会成立政党。城市政党开始“代表国家意志”，对殖民体制构成威胁，这时，小集团出现了，各种倾向出现了，基于民族和地方的不同党派出现了。整个部落摇身一变，成了政党，背后是殖民主义者在面授机宜。圆桌会议可以开始了。统一派政党被淹没在数不清的倾向中，部落政党反对中央集权，反对统一，指责统一派政党独裁。

后来，这个策略被国内的反对派利用。占领者在领导过民族斗争的两三个民族主义政党中作出选择。这种选择的路数相当经典：当一个政党获得民族的一致支持，以唯一对话者的姿态出现在占领者面前时，占领者就会耍各种手段，尽可能推迟谈判，利用争取来的时间，减少政党提出的要求，或迫使政党的领导层将其中某些“极端”分子排除在外。

相反，如果没有哪个政党获得压倒性优势，占领者就会优先选择自己认为最“理智的”政党。没有参加谈判的民族主义政党会谴责另外那个政党和占领者之间商谈的协议。从占领者那儿接收权力的政党意识到，竞争对手蛊惑人心、扰乱是非的宣传会对自身造成威胁，便企图摧毁这个对手，判定其为非法政党。受迫害的政党无处可去，只能躲到市郊或乡下。这个政党试图煽动农村群众，反对那些“海边的变节者和首都的腐败分子”。它们找了各种借口：宗教的理由，新上任的国家当局所采取的与传统一刀两断的创新措施。它们利用了农村群众的蒙昧主义倾向。所谓革命的学说，实际上依靠的是农村落后、激情和自发的特征。到处都在窃窃私语，说山里在骚动，农村在不满。有人信誓旦旦地说，在某个地方，警察向农民开枪，援兵已经上路，体制就要垮了。反对党没有明确的纲领，除了取代执政党之外，没有别的目标，它们把自己的命运交到了自发却又不甚清晰的农民群众的手中。

有时候，反对派不依靠农村群众，而是依靠进步分子，即年轻国家的工会。在这种情况下，政府会号召群众抵制劳工的诉求，将其丑化为反传统主义的冒险家手段。从前我们在政党层面上观察到的东西，经过一些必要的修正后，又在工会层面上观察到了。起初，殖民地的工会常常是宗主国工会的地方分支，其口号也是对宗主国口号的回应。

解放斗争进入关键阶段时，一些本土工会干部决定创立全国性工会。本地人大肆抛弃从宗主国进口而来的旧组织形式。这种工会的创立是城市居民对殖民主义施加压力的新方法。我们曾说过，殖民地的无产阶级处于萌芽状态，代表了享有最特殊待遇的那部分人。在斗争中诞生的全国性工会主要在城市活动，其纲领首先是一个政治纲领、一个民族主义纲领。但在独立斗争的关键阶段诞生的全国性工会，实际上是一个合法网罗有觉悟且活跃的民族主义者的组织。

被政党蔑视的农村群众继续被排除在外。当然也会有一个农业劳动者的工会，但这个工会的创立只是为了满足“向殖民主义展现一个统一战线”的表面需求。在宗主国的工会环境中培养出来的工会负责人，不懂得如何组织农村群众。他们和农民完全失去联系，首先关心的是如何招揽冶金工人、码头工人、煤气和电力公司的职员，等等。

在殖民阶段，民族主义工会成长为一股惊人的打击力量。在城市里，工会无论何时都能使殖民主义经济停滞，甚至瘫痪。由于欧洲移民通常被安置在城市里，示威行动能对这些人造成莫大的心理压力：断电，停气，没人清理垃圾，商品烂在码头上。

殖民地的城市就像宗主国的海外小岛，深刻地感受到工会活动的影响。以首都为代表的殖民主义堡垒难以忍受这种猛击。但“内地”（农村群众）在此类对决中，依然是局外人。

因此，我们看到，在国家层面，工会的重要性与国内的其他力量相比，有着不成比例的差异。独立后被吸收进工会的工人有种无处使劲的感觉。面对庞大的国家建设任务，他们设定的狭隘目标在达成的那一刻会显得十分不可靠。看到民族资产阶级与权力机关关系密切，工会领导人发现，他们不能再局限于工人问题了。由于工会天生脱离农村群众，指令最远只到市郊，工会便采取越来越政治的立场。工会实际上是政权的候选人。它们千方百计要使资产阶级走投无路：抗议在国家领土上保留外国基地，揭露商业协议的陷阱，反对民族政府的对外政策。现在，“独立的”工人无处使劲。刚刚独立，工会便发现，如果工人公开表达自己的社会诉求，就会得罪其他人。工人其实是体制的受惠者。他们代表了人民中生活最宽裕的那部分人。要求改善工人和码头工生活条件的运动，不仅会不得人心，而且有可能引起农村广大贫困群众的敌意。工会无法组织任何工会运动，只能原地踏步。

这种困境表明，客观上需要一个利于全民的社会纲领。工会突然意识到，内地也应该得到启发和组织。但工会从来没有费过心在它们和农民群众之间设置传送带，而农民恰恰构成了国家唯一自发性的革命力量，由此，工会很快暴露出自身行动的无效性与纲领的不合时代性。

工会领袖一心沉湎于政治—工运中心主义的风潮，几乎是在无意识地筹备政变。即便在这时，内地依旧被排除在外。这是仅限于民族资产阶级和工会工人之间的斗争。民族资产阶级重拾殖民主义的旧传统，以军队和警察力量进行恫吓；工会则组织集会，动员数万成员。资产阶级和工人，总归都是能填饱肚子的人，农民袖手旁观，因为他们意识到，双方都将自己视作助力。工会、党派或政府不顾道德，不择手段，利用农民，将农民视作迟钝和盲目的力量，或者说，野蛮的力量。

相反，在某些情况下，农村群众会以决定性的方式参与民族解放斗争，以及未来国家将选择的前景。这种现象对不发达国家具有根本的重要性，在此，我们有必要详细探讨。

我们看到，民族主义政党内部同时存在两种看似矛盾的意志：一是摧毁殖民主义，二是与殖民主义和睦共处。在这些政党内部有时会出现两个过程。第一个过程，一批知识分子下大功夫分析殖民地现实和国际形势之后，会开始批评民族主义政党，指责它们意识形态空洞、战术和战略贫乏。他们不断向领导人抛出关键性问题："什么是民族主义？这个词对你们意味着什么？词的含义是什么？为什么要独立？还有首先你们想如何获得独立？"同时，他们要求严肃认真地讨论方法论问题。他们认为，除了选举，还应该增加"其他办法"。在初步的小规模讨论中，领导人很快就决定从这种激昂中脱身，将其定义为初生牛犊式的一厢情愿。但是这些要求既不是激昂的表达，也不是青春的标记，捍卫这些立场的革命分子很快就被孤立。领导人自恃经验老到，便无情地抛弃这些"冒险家、无政府主义者"。

政党机器抗拒一切革新。领导层一想到自己会被卷入一场不知面貌、力量、方向的风暴，就惶惶不安，坚持革命的少数派发现自己只能孤身奋战。第二个过程与处于领导层或次要领导层的干部有关，他们在过往的活动中曾遭受殖民地警察的迫害。值得指出的是，这些干部通过不懈的奋斗、牺牲精神和模范的爱国主义，才晋升到党内的领导位置。这些人来自基层，往往是操作工、季节工，有时甚至是失业者。对他们而言，在民族主义政党内活动，并不是为了搞政治，而是选择了从动物状态进入人类状态的唯一方法。这些人受限于党内极端的教条主义，却仍然在受托付的活动范围内，表现出首创精神、无畏勇气和斗争意志，这些品质几乎机械地使他们成为殖民主义镇压势力的目标。他们被逮捕、被拷打、被判刑、被赦免，他们在受监禁期间理清自己的思路，坚定自己的信念。在绝食斗争中，在监狱那公墓般环境下形成的团结一致中，他们将自己的出狱视作掀起武装斗争的机会。但与此同时，在监狱外，四处受袭的殖民主义正主动接近民族主义温和派。

于是，我们目睹了党内的非法主义及合法主义两种倾向分裂的过程。非法派感到自己不受欢迎，人们避而远之。党内合法派向他们伸出援手，但表现得极为小心翼翼，非法派觉得自己已经形同外人。于是，非法派与知识分子接触，几年前，他们就已经暗自欣赏后者的立场。这种接触催生了一个与合法政党并行的秘密政党。但随着合法政党逐渐靠近殖民主义，试图“从内部”改变殖民主义，针对这些不可回收分子的镇压行动也变得频繁。非法分子发现自己走进了历史的死胡同。

这些人被城市抛弃，起初在市郊组织起来。但警察的搜捕又将他们赶出去，迫使他们最终逃离城市，逃离政治斗争的主舞台。他们逃向农村，逃向山里，逃向农民群众。农民群众从一开始就收容他们，帮他们躲避警察的追捕。民族主义斗士决定不再跟警察在城市里玩捉迷藏，而是把自己的命运交到农民群众手里，他们绝不吃亏。农民以不容置疑的温柔和强硬，用外套把他们包裹起来。他们原本在城市里确定民族和政治斗争的概念，现在却与城市环境隔绝，成为内地的流放者，实际上变成了游击队员。他们不得不随时转移地方，逃避警察的追捕。为了不引起注意，他们在夜间行军，但他们借机走遍了祖国，也认识了祖国。他们忘了咖啡馆，忘了讨论下一次选举，忘了某个警察的凶狠。他们耳朵听到的是国家真正的声音，他们眼睛看到的是人民巨大且无穷的困苦。他们终于意识到，自己曾经把宝贵的时间浪费在毫无用处地对殖民体制的批评上。他们终于明白，改变不是一场革命，也不是一种改善。他们的所见所闻给自己带来一种眩晕感，并由此明白，城市的政治风潮永远无法撼动或改变殖民体制。

这些人养成了和农民聊天的习惯。他们发现农村群众在讨论自己的解放问题时，一直使用的字眼有：暴力，从外国人手中夺回土地，“民族斗争”，武装起义。一切都很简单。这些人发现了一个凝聚的人民群体，他们一直处于某种静止不动的状态中，也因此完整保留了自己的道德标准和对国家的热爱。他们慷慨大方，准备牺牲，愿意奉献，急不可耐，骄傲如石。我们明白，这些被警察追捕的斗士，那些急切跳脚的群众，两者的反叛本能结合，会爆发出一种不同寻常的威力。从城里来的人向人民学习，同时为人民开设政治和军事课程。人民磨好武器。事实上，课程没有持续太久，因为群众意识到自己的武力，摩拳擦掌，迫使领导人加快了脚步。武装斗争爆发了。

起义使政党不知所措。它们的学说始终断言，一切武力尝试都将是无效的，甚至政党本身的存在就是在不断谴责一切起义。某些政党私底下和殖民者一样乐观，还庆幸自己置身事外，说这种疯狂终将受到血腥的镇压。但点燃的星火像迅猛发展的传染病一样烧遍全国。装甲车和轰炸机没有取得预期的成功。面对扩大的损失，殖民主义开始思考。甚至在压迫者的内部，也有声音开始提醒民众关注事态的严重性。

至于人民，他们在茅屋和睡梦中回应国家的新节奏。他们在心中不断低声哼唱对光荣战士的赞歌。起义已经席卷全国。现在，轮到那些政党被孤立了。

然而，起义的领导人意识到，他们迟早得把武装起义扩展至城市。这种意识并非一时兴起，而是与民族解放过程中武装斗争的发展逻辑相呼应。尽管农村代表无穷无尽的人民力量，尽管武装起来的农民队伍使局势动荡，但殖民主义并未真正怀疑自身制度的牢固性。殖民主义没有真切地感受到自己处于危险之中。于是，起义的领导人决定把战争送进敌人的老巢，送进安静又华丽的城市。

在城市里组织起义给领导人提出了难题。我们已经知道，大部分领导人在城市出生或长大，他们逃离原本的环境，是因为受到殖民地警察的追捕，又常为政党内谨慎和理智的干部所不容。他们隐居在农村，既是为了逃避镇压，也是出于对原政治组织的不信任。这些领导人在城市中的天然触角，是政党内著名的民族主义者。但我们已经看到，城里的领导人胆小怕事，愁眉苦脸，不断思考殖民主义的罪行，而与此同时，隐居在农村的领导人，因为最近的经历，实际上已经和前者分道扬镳。

此外，那些在打游击战的人，对他们的老朋友——那些他们认为是最左的人——的初步试探，验证了他们的担心，使他们打消了重见老友的念头。事实上，起义从农村出发，会经由聚在城市周边的农民进入城市，这些人在殖民体制下尚未找到一根可以啃咬的骨头。农村人口膨胀，再加上土地被殖民者征用，越来越多的农民背井离乡，锲而不舍地围着不同城市打转，期望有一天能被允许进城。在这些群众中，在贫民窟的居民中，在流氓无产阶级的内部，起义将找到用来进入城市的长矛，流氓无产阶级构成了被殖民的人民当中最自发也最激进的革命力量。

在肯尼亚掀起茅茅运动的前几年，英国殖民当局增加了恐吓流氓无产阶级的措施。1950 年至 1951 年间，警察和传教士相互合作，试图找到合适的办法，来应对大量涌入城市的肯尼亚青年。他们来自农村和森林，因为在市场上找不到工作而偷窃、滥交、酗酒，等等。殖民地的青少年犯罪是流氓无产阶级存在的直接产物。同样，在刚果，从 1957 年起，当局便采取了一些严厉措施，把那些扰乱社会秩序的“流氓青年”赶回农村。当局开设了一些重新安置营，托付给传教团，当然，是在比利时军队的保护下。

流氓无产阶级的产生是一种遵循自身逻辑的现象，不管是传教士的大量活动，还是中央机构的种种法令，都无法阻止其发展。流氓无产阶级就像一群老鼠，人们用脚踩，用石头砸，他们还是会逃出生天，继续啃食树根。

贫民窟接受对被殖民者所做的生物学裁决，不惜一切代价，入侵敌人的城堡，必要的话，通过最隐秘的通道。构成流氓无产阶级的所有力量，为城市“安全”带来沉重的压力，代表了无可救药的腐化，代表了位于殖民统治中心的坏疽。皮条客、流氓、失业者和小偷小摸者被发动起来，就像坚定的劳动者那样投入解放斗争。这些无所事事的人，这些社会底层的人，通过军事和决定性行动，重新找到国家的道路。面对殖民地社会或统治者的道德标准，他们没有找回自己的尊严。恰恰相反，他们认为，除非使用手榴弹或手枪，否则他们是不可能闯进城市的。面对自己，面对历史，这些失业者和下等人重新找回自己的尊严。妓女也是一样，还有年薪两千法郎的女佣，绝望的妇女，所有那些在疯狂和自杀之间徘徊的男男女女，都将重获尊严，开始行进，坚定地参与到觉醒了的国家大游行中。

民族主义党派无法理解这种加速它们瓦解的新现象，闯入城市的起义改变了斗争的面貌。殖民主义军队原本都投入了农村，现在为了确保人身和财产安全，又匆匆撤回城市。镇压的力量分散了，现在到处都有危险。这使国家的土地、整个殖民地陷入恐慌。农民武装部队目睹军事包围松动。城市的起义出乎意料地为它们输送了氧气。

起义的领导人看到人民积极热情地给殖民主义机器带去决定性的打击，更增加了他们对传统政治的不信任。每次战斗取得胜利，他们的敌视就增加一分，从此以后，他们将其称为夸夸其谈、冗言赘词、“吹牛上天”、劳而无功。他们对“政治”、对蛊惑人心的宣传感到深恶痛绝。这也是为何，在一开始，我们可以发现群众对自发性的崇拜是一场真正的胜利。

在农村频繁出现的农民起义表明，起义在哪里爆发，国家就在哪里，且通常分量坚实。从今往后，每一个武装起来的被殖民者，都是活生生的国家的一部分。这些农民起义使殖民体制陷入危险，逼迫其调动并分散兵力，随时威胁要将其绞杀。农民起义遵循一个简单的法则：使国家存在。没有纲领，没有演说，没有决议，没有倾向。问题很清楚：外国人必须离开。让我们组成一个共同阵线，反抗压迫者，让我们用武装斗争，来加强这一阵线。

只要殖民主义的不安持续下去，民族事业就会继续发展，成为每个人的事业。解放的蓝图已经绘好，关系到整个国家。在这个阶段，自发性是王，主动性已经局部化。每个山头都有一个微型政府发号施令。在山谷和森林中，在雨林和村子里，到处可见国家机关。每个人都以自己的行动使国家存在，并致力于使这个国家获得局部性胜利。我们采用的是一种全面的、彻底的即时性战略。每个自发组成的小组，其目的和纲领都是解放当地。如果说到处都是国家，那么国家就在这里。更进一步说，国家只在这里。战术和战略混在一起。政治艺术变成单纯的军事艺术。政治活动家就是战士。打仗和搞政治被视作唯一的事，也是同一件事。

这些贫苦的人民，原本习惯生活在斗争和敌对的狭隘圈子中，即将在庄严的氛围中，着手清洁和净化国家的地方面貌。在一场真正的集体狂喜中，敌对的家族决定抹去一切，忘记一切。和解事件增加。重新提起根深蒂固的怨恨，是为了更确切地消除怨恨。对国家的信仰促成意识的觉醒。国家团结首先是队伍的团结，是宿怨的消失，是疑虑的完全清除。同时，净化也包括几个本地人，这些人因其活动，因其勾结占领者，使国家蒙羞，但是叛徒和卖国贼将受到审判和惩罚。人民在这一持续的进程中制定规则，发现自己在当家做主，也觉得这是完全正当的。从殖民的沉睡中醒来的每个个体，都即将达到沸点。村子里时刻可见真情流露，惊人的宽容，卸下心防的善良，永远坚定不移要为“事业”牺牲的意志，所有这一切都使人联想到慈善团体、教堂、神秘信仰。没有一个本地人会对国家的这种新节奏无动于衷。一些密使被急遣至附近的部落。他们组成了起义的第一个联络体系，把节奏和进展带至尚无动静的地区。一些以顽固闻名的敌对部落高兴地放下武器，热泪盈眶，发誓自己会鼎力相助。在武装斗争中，人们和昔日的仇敌肩并肩站在一起。国家的范围扩大了，每出现一些新设的陷阱，就是在欢迎新部落的登场。每个村庄都发现，自己是革命的绝对代理人和中继站。部落和部落之间、村庄与村庄之间，整个国家的团结首先表现在对敌攻击的增加。每个新组的突击队，每次爆发的新战火，表明每个人都在围捕敌人，迎击敌人。

这种团结在以敌人发动进攻为特征的第二阶段表现得更为明显。起义爆发后，殖民兵力重新集结，重新组织，根据起义的性质决定战斗方式。这种进攻对第一阶段那种欣快异常、极乐世界般的气氛提出疑问。敌人发动进攻，定点集中重兵，地方突击队很快被包围。如果地方突击队在初期就倾向于正面对抗的话，则更容易被包围。第一阶段流行的乐观主义，使突击队英勇无畏，甚至失去判断力。他们深信，山头即国家，他们不同意退出战斗，无法忍受边打边撤。他们屡遭失败，脑中疑虑重重。突击队迎战地方上的攻击，仿佛是生死一战。他们表现得仿佛此时此地，国家的命运会就此决定。

但我们知道，作为一种即时主义的学说，这种一厢情愿要立刻和殖民体制算账的急躁注定是行不通的。最日常、最实际的现实主义让位于昨日情感的抒发，让位于永恒的幻象。事实的教训，被机枪收割的尸体，需要我们对事件全局进行重新阐释。简单的生存本能带来一种更灵活多变的态度。这种战术的改变是安哥拉人民解放战争最初几个月的特点。我们记得，1961 年 3 月 15 日，安哥拉农民两三千人为一队，冲向葡萄牙军的阵地，男女老幼，不管有没有武器，都英勇无畏，狂热亢奋，组成密密麻麻的人阵，一波接一波地冲向殖民者、士兵和葡萄牙国旗的统治区。一些村庄、机场被包围，遭到多次袭击，可与此同时，成千上万的安哥拉人倒在殖民者的机枪扫射下。安哥拉起义的领导人很快意识到，要真正解放自己的国家，就得另找办法。因此，几个月来，安哥拉领导人霍尔登·罗伯托[1]参考了不同解放战争的经验后，决定采用游击战术，重新组织安哥拉民族军。

的确，在游击战中，战斗不再是所在之处，而是所去之处。每个战士光着脚，把祖国的每一寸山河卷入战争。民族解放军不再执意和敌人决一死战，而是从一个村庄转移到另一个村庄，有时撤退进森林，看见敌方纵队在山谷中掀起一片尘土时，乐得直跺脚。部落开始行动，部队不断拔营，更换阵地。北方人向西活动，平原地带的人上山。没有哪个战略位置是不可或缺的。敌人自以为在追击我们，可我们总是能包抄到他们后方，在他们以为已经歼灭我们的时候，发起攻击。从此以后，是我们在追击敌人。敌人用尽一切战术和火力，却似乎不知所措，陷入困境。我们欢唱，我们欢唱。

在此期间，起义的领导人明白了，部队需要被启蒙、被教导、被灌输理论，需要组建真正的军队，集中权力。国家的分散表现为全民皆兵，这一点必须重新思考和规划。领导人曾因为厌恶政治的空谈性逃离城市，但现在他们发现，政治可以不用于麻痹和愚弄，政治是加强斗争、使人民对国家的发展方向有清晰认知的唯一办法。领导人意识到，农民起义不管多么崇高伟大，也需要加以控制和

① ［译注］霍尔登·罗伯托（Holden Álvaro Roberto，1923—2007），安哥拉政治家，1962—1999 年领导安哥拉解放阵线（FNLA）。

引导。领导人不能停留在农民起义这种运动模式，而应该将其转型为革命战争。他们发现，斗争成功的前提是，明确的目标、清楚的方法论，尤其需要群众认识到自身斗争动力的短暂性。利用群众心中的怨恨，我们可以坚持三天，必要的时候，坚持三个月，但我们无法就此赢得民族战争，无法击溃敌人的可怕机器，如果我们忘记提高战士的觉悟，就无法真正改造人。不管是壮烈的勇气，还是漂亮的口号，都是不够的。

解放战争的发展，注定会给领导人的信念以决定性一击。果然，敌人改变了战术。除了粗暴的镇压，他们还及时补充了戏剧性的缓和姿态、分裂的阴谋以及“心理战”。敌人利用煽动者，进行我们称之为反颠覆的活动，在多地成功地使部落斗争死灰复燃。殖民主义为了实现目标，雇佣两类当地人。首先是传统的合作者：酋长、司法行政官、巫师。我们之前看到过，农民群众日复一日，过着平静无波、一成不变的生活，继续尊崇宗教首领、世族后裔。部落中的所有人就像一个人一样，遵循传统长老给他指定的道路。殖民主义以金钱地位为饵，使这些群众信任的人为己所用。

殖民主义同样在流氓无产阶级中找到一大群劳力。所有民族解放运动都应该最大程度地关注流氓无产阶级。这个阶级总是会响应起义的号召，但如果认为，忽视这个阶级，起义也能壮大，那么这群忍饥挨饿的社会底层人就会投入武装斗争，而这一次，是站在压迫者那一边。压迫者绝不会错失良机，他们挑起黑人间的不和，欣然利用流氓无产阶级的老毛病：无知和头脑不清。如果起义不把这支预备队迅速组织起来，后者就会站在殖民主义部队那边，充当雇佣军。在阿尔及利亚，充当地方保安队和梅萨利主义者①的，是流氓无产阶级。在安哥拉，是他们扮演葡萄牙军队开路先锋的角色。在刚果，他们出现在开赛省和加丹加省的地方主义示威运动中，而在利奥波德维尔②，刚果的敌人则利用他们组织了一些反卢蒙巴的“自发性”集会。

对手分析起义的势力，越来越仔细地研究由被殖民的人民构成的全部敌人，意识到其中某些阶层的意识形态弱点和精神的不稳定性。对手发现，在严密组织、井然有序的起义先锋队旁边，还有一群人，他们过于习惯缺衣少食、遭受侮辱、不负责任，因此参加起义的决心总是很容易被动摇。对手不惜重金，利用这些人。他们用棍击棒

① ［译注］梅萨利主义者（messaliste），出自阿尔及利亚政治家、民族主义领导者梅萨利·哈吉（Ahmed Messali Hadj，1898—1974）。梅萨利相继在法国和阿尔及利亚创立北非之星（ENA）和阿尔及利亚人民党（PPA），试图结束法国在阿尔及利亚的殖民统治。1954 年，阿尔及利亚解放战争爆发，梅萨利却反而妥协，建立了与民族解放阵线针锋相对的阿尔及利亚民族运动（MNA），主张在法国统治下实现自治。今天的阿尔及利亚人虽然承认梅萨利的历史贡献，但仍视其为某种意义上的解放斗争破坏者、殖民统治帮凶和革命叛徒。

② ［译注］利奥波德维尔（Léopoldville），刚果民主共和国首都金沙萨（Kinshasa）在 1966 年以前的旧称。

打，惩一儆百，来创造自发性。美元和比利时法郎大量流入刚果。在马达加斯加，反霍瓦人[①]的暴行增加。阿尔及利亚则征募一些新兵——名副其实的人质——来补充法国兵力。毫不夸张地说，起义的领导人正眼睁睁看着国家倾覆。一些部落中，全部青壮组成保安队，配备现代武器，出发作战，入侵贴上民族主义标签的敌对部落。在起义的初期，战斗的一致性曾如此有效，如此伟大，现在开始变质了。民族团结瓦解了，起义处于关键的转折点。群众的政治化由此成为历史的需要。

这种惊人的一厢情愿，打算一下子就使被殖民的人民获得绝对主权；这种盲目的确信，以为大家可以用同样的步调、同样的角度，带走国家的所有碎片；这种缔造希望的力量，已经被历史经验证实是巨大的弱点。只要被殖民者还想象着自己可以没有过渡，就从被殖民状态进入独立国家的自主公民状态，只要他们还沉浸在肌肉可以直接获胜的幻象中，他们在认知的道路上就不会有真正的进步，他们的意识只停留在初级阶段。被殖民者狂热地投入斗争，尤其是武装斗争，这一点我们之前已经看到了。农民一直过着可以说是反殖民主义的生活方式，因此更加狂热

① [译注] 霍瓦人（Hova），又称梅里纳人（Merina）、安提梅里纳人（Antimerina）、伊梅里纳人（Imerina）等，是马达加斯加岛上的一支部族，主要居住在中央高原，总人口约500万人，是岛上人数最多的语言文化团体。

地投入起义。一直以来，农民用尽各种手段平衡不同因素，如同魔术师的表演一般令人震惊，由此，面对强压下来的殖民体系，农民保存了相对主观性。他们甚至相信，殖民主义不是真正的胜利者。对进入城市，接触外国人建立的世界，骄傲的农民持保留态度，当殖民地政府的代表靠近时，他们总是会做出后退的动作，这一切都不断表明，农民在以自己的两分法对抗殖民者的两分法。

反种族主义的种族主义，保卫自己性命的意志——这是被殖民者面对殖民压迫所作回应的特征，明确代表了投身斗争的充分理由。但我们不会为了使仇恨或种族主义获胜而支持战争，忍受非人的压迫，甚至眼睁睁地看着自己家破人亡。种族主义、仇恨、憎恶、“复仇的正当愿望”无法支持一场解放战争。这些意识中的闪现将肉体抛向混乱，使肉体陷入几乎病态的谵妄，在那里，他人的脸使我眩晕，我的血召唤着他人的血，我那近乎呆滞的死亡召唤着他人的死亡。起初的这些狂热，倘若只吸收自身的养分，最终还是会退散。的确，殖民势力无休止的暴行会在斗争中导入新的情感因素，给予战士新的仇恨动机，以及要去“打倒殖民者”的新理由。但日复一日，领导人意识到，仇恨不能替代纲领。尽管对手显然总是能想办法增加罪行，但如果没有发生特殊事件，我们不能依靠对手来加深“鸿沟”，把所有人推到起义的这一边。我们已经注意到，在任何情况下，对手都会试图争取某些团体、某些地区、某些首领的同情。在斗争过程中，殖民者和警察遵从上层的指示。他们的态度发生细微变化，变得“更人性化”了。他们甚至在殖民者与被殖民者的关系中，开始使用例如“先生”或“女士”之类的表达。他们变得礼貌和殷勤。具体来说，被殖民者有种印象，好像他们在见证某种变化。

被殖民者拿起武器，不仅仅因为自己饿得要死，还眼睁睁看着他们的社会瓦解，而且因为殖民者把他们看作牲畜，像对待牲畜一样对待他们，因此，被殖民者对这些措施十分敏感。这些心理学的新技巧能平息仇恨。心理学和社会学的专家指出殖民主义的伎俩，推进了对各种“情结”的研究：失落情结、好战情结、可殖民化情结。殖民者提升土著的地位，试图用心理学解除他们的武装，当然，这得花点小钱。这些卑劣的手段，这些拿捏得恰到好处的表面弥补，获得了某些立竿见影的效果。被殖民者的渴望是如此强烈，他们渴望任何能够赋予自己人性的东西——哪怕是打了折的——甚至到了难以抑制的地步，以至于这样的施舍都能够局部动摇他们。他们的意识是如此脆弱，如此昏暗，一点点火花就能让他们感动。他们的渴望如此强烈，任何不同于先前的光明随时都有可能愚弄他们。此前他们提的要求强烈而全面，似乎要撼动天地，现在这些要求变得收敛而有分寸。若是战斗持续下去——战斗也确实会持续下去——这匹迫不及待要吞噬一切的狼，这阵想要引发真正革命的狂风，届时可能会变得面目全非。被殖民者随时有可能会因为某种微小的让步而卸下武装。

起义的领导人惊恐地发现被殖民者的不稳定性。他们先是无所适从，然后通过新的角度，发现了解释的必要性，以及使意识从困境中彻底解脱出来的必要性。因为战争在继续，敌人组织起来，变得强大，猜出了被殖民者的战略。民族解放斗争不可能一蹴而就。史诗每日都在艰难地撰写，人们忍受的痛苦超过了殖民时期的所有痛苦。在城市里，殖民者似乎改变了。我们的人变得更高兴，“他们受到尊重”。日子一天天过去，参与斗争的被殖民者，本应继续予以支持的人民，他们不应动摇。他们不应该认为目标已经达到。他们不应该在人们向他们说明斗争目标时，认为这是不可能实现的。再说一次，必须向人民解释，人民应该了解他们要去哪里，怎么去。战争不是一次性的战役，而是一系列的局部战斗，老实说，不可能一次定胜负。

因此，我们有必要节省兵力，不要将其一股脑全部投入对抗。比起被殖民者的储备，殖民主义的储备在数量上更多，力量上更强。战争在继续。敌人在反抗。大决战不是在今天，也不是在明天。事实上，大决战从第一天就开始了，不会因为对手消失而终止，因为对手会出于种种原因意识到，结束这场斗争，承认被殖民人民的自主权，对他们自己有利。斗争的目标不应该停留在初期的那种未区分的状态。如果对这一点不做防备，那么敌人稍作让步，我们就随时可能听到人民质问，为何还要继续战争？我们习惯了占领者的蔑视，习惯了他们不惜一切代价维持压迫的坚决意志，以至于任何宽容的姿态，任何善意的表达，都可能令被殖民者惊喜交加。此时，被殖民者想要高声欢唱。这就需要多加解释，使战士们明白，敌人的让步不应该蒙住他们的双眼。这些让步仅仅只是让步，没有触及本质。从被殖民者的角度看，我们可以断言，如果让步没有触及殖民体系中的本质部分，它就没有触及本质。

占领者在殖民地上粗暴的统治形态完全可以消失。事实上，这种戏剧化的消失不仅能减少占领者的开支，而且有利于防止兵力分散。但这种消失必须付出巨大的代价。十分确切地说，以国家命运被更强制地框住为代价。历史上的一些例子能够说服人民：让步这种骗人的把戏，以及不惜一切代价实施让步政策，给某些国家带来的后果，是更谨慎、更全面的奴役。人民和全体战士应该了解这一历史法则，某些让步实质上就是枷锁。如果没有做好澄清工作，我们会惊讶地发现，某些政党领导人如此轻易地和从前的殖民者达成了莫名其妙的和解。被殖民者必须相信，殖民主义对他们没有任何馈赠。被殖民者通过政治或武装斗争取得的成果，并不是出于殖民者的慈悲或善意，而只是说明殖民者已经不可能推迟让步。更进一步说，被殖民者应该知道，这些让步不是殖民主义作出的，而是他们自己作出的。当英国政府决定在肯尼亚议会上多给非洲人几个席位的时候，得是多么厚颜无耻或没有判断力的人，才会说是英国政府作出了让步？难道看不到，这是肯尼亚人民在作出让步吗？被殖民者、被掠夺的人民必须抛弃长久以来已然成为他们特征的心态。迫不得已时，被殖民者可以接受与殖民主义和解，但绝不接受妥协。

所有这些说明，这些连续的意识启发，这种在认知社会历史道路上的行进，只有在一个组织框架内、在一个人民的组织框架内才能实现。这个组织的建立，得益于起义初期来自城市的革命分子，以及随着斗争的逐步发展重返农村的革命分子。正是这个核心构成了起义政治机关的雏形。至于农民，他们在实践经验中积累了知识，展示出领导人民斗争的能力。在处于战备状态的国家和领导人之间，出现了一种相互启发和补充的趋势。传统机构被加强、被深化，有时甚至被完全改造，仲裁所、长老会和村民大会被改造成革命法庭、政治军事委员会。在每个战斗队，每个村庄里，都涌现出一批政委。他们负责在人民遇到不理解的事物时给予解释与启发。由此，政委不再害怕那些如果不解释清楚就会使人民迷失方向的问题了。武装战士异常愤怒地看到，许多土著继续他们在城市的生活，仿佛山中发生的事与他们无关，仿佛他们不知道关键运动已经开始了。城市风平浪静，日常生活继续，给农民带来一种苦涩的印象：国家中，有一整片人都满足于在场外观看。这一发现引起农民的强烈愤慨，使他们更加蔑视和谴责所有城市居民。政委应该引导他们认识到，双方的立场存在细微差异，某部分国民握有的特殊利益，并不总是和国家利益重合。人民因此明白，民族独立会使多重现实大白天下，这些现实有时是有分歧的，甚至是相互对立的。在斗争的确切阶段，这样的解释具有决定性作用，能使人民从一揽子毫无区分的民族主义过渡到社会和经济意识。人民在斗争初期采用的是殖民者的原始善恶二元论：白人和黑人，阿拉伯人和欧洲人。他们在斗争过程中发现，有些黑人比白人更白；即便升起国旗，建立独立国家，某些阶层也不会主动放弃它们的特权或利益。人民发现，有些和自己一样的土著没有迷失方向，恰恰相反，他们似乎在利用战争积累他们的物质财富和新生势力。这些土著进行不正当交易，大发战争财，不顾那些始终无条件自我牺牲、把鲜血洒在祖国土地上的人民。用简陋的方法对抗殖民主义战争机器的战士意识到，自己在推翻殖民主义压迫的同时，也间接协助建造了另一个剥削机器。这一发现是令人不快、痛苦、愤慨的。以前很简单，一边是坏人，一边是好人。初期的光明如同田园诗般不真实，现在正被意识涣散的昏暗所取代。人民发现，极不公正的剥削现象，也可能披着一张黑人或阿拉伯人的皮。他们大喊背叛，但我们必须纠正这种呐喊。背叛不是国家层面的，而是社会层面的，要教人们学会喊捉贼。人民在艰难地走向理性认知的道路上，必须抛弃他们对统治者过于简单和程式化的看法。在他们眼前，种族一块块碎裂。他们观察到，自己的周围就有一些殖民者没有参加狂热的犯罪活动，他们不同于以往印象中的殖民者种族。这些人谴责殖民战争，我们此前却不加区分地将他们划入外国人的整体板块。当这类人的典范走到我们一边，变成黑人或阿拉伯人，忍受痛苦、折磨、死亡时，公愤会真正爆发。

这些例子平息了被殖民者对外国移民的普遍仇恨。被殖民者热情地包围这几个人，如同进行一场感情的攀比竞赛，给予他们绝对的信任。宗主国被视作无情和残暴的后母，在那里，许多声音，有时是相当著名的声音，公开发表立场，毫无保留地谴责他们政府的战争政策，建议最终要考虑被殖民者的民族意愿。一些士兵离开殖民军队，另一些明确拒绝为反对人民的自由而战，他们声称支持人民独立和管理自身事务的权利，为此入狱受苦。

殖民者不再是单纯要被打倒的人。比起某些本民族的子孙，殖民者中的一些成员更靠近，无限地更靠近民族主义斗争。种族和种族主义在两层意义上都被超越了。我们不再认为，每个黑人或穆斯林都必定是货真价实的自己人。我们不会只要看到殖民者走近，都立刻抓起自己的枪或大砍刀。意识艰辛地通往部分的、局限的、不稳定的现实。可以想见，这一切是十分困难的。组织如果严密，领导人的思想水平如果高，使人民成熟的任务将变得容易。随着斗争的开展，随着对手伎俩的增加，随着胜利和挫败经验的累积，思想水平的威力得以转化和加强。领导人勇敢地披露错误，利用每次意识的倒退来吸取教训，确保新的进步条件，借此来展示自己的力量和权威。每一次局部的挫败被用在所有村庄、所有组织系统层面进行检讨和学习。每当起义推动人民意识进步，就证明了自身的合理性，表明了自身的成熟性。尽管周围人有时认为，将问题细化会造成危险，导致人民内部出现裂痕，但领导层还是毫不动摇地坚持下去，因为这是从民族斗争中得出的原则，是从人类争取解放所进行的普遍斗争中得出的原则。我们看到一种粗暴，以及对细微问题和个案的轻视，这是典型的革命者；但同时也存在另一种粗暴，与第一种粗暴惊人地相似，这是典型的反革命者、冒险家、无政府主义者。如果不立即克服这种纯粹的、完全的粗暴，那么运动必然会在几个星期后失败。

逃避城市的民族主义战士，被领导人那蛊惑人心、改良主义的手法刺伤，对“政治”大失所望，却在具体实践中，发现一种与先前政治完全不同的新型政治。这种政治是写进历史的负责人、领导人的政治，他们用肌肉和大脑引领解放斗争的方向。这种政治是民族的、革命的、社会的。被殖民者现在将认识的这一新现实，只有通过行动才能存在。斗争炸毁旧殖民地的现实，揭示未知的层面，带来新的意义，直指这一现实掩盖的矛盾。人民进行斗争，人民依靠斗争呈现和认识新现实，他们从殖民主义中解放出来，昂首向前，事先对所有的蒙蔽企图、所有的国家颂歌心怀警惕。只有人民使用的暴力、领导层组织和启发的暴力，才能充当群众认清社会现实的钥匙。如果没有这种斗争，没有在实践中获得的这种认知，就只剩下狂欢和喧闹。在上层，是最低限度的再适应，一些改革，一面旗帜；而在下层，是广大未区分的群众，依然生活在“中世纪般的”混沌状态里，无休止地继续运动。

第三章　民族意识的不幸遭遇

历史已经告诉我们：反殖民主义斗争不是一上来就自动嵌入民族主义框架的。长久以来，被殖民者努力废除某些不平等现象：强迫劳动、肉体惩罚、工资不平等、政治权力受限，等等。这种反对压迫、追求民主的斗争，逐渐脱离了新自由主义式的普遍性混乱，指向——有时以艰难的方式——民族的诉求。然而精英们准备不足，他们与群众之间缺乏有组织的联系，他们懈怠懒惰，再加上不得不承认的，他们在斗争关键时刻的怯懦，最终会导致悲剧性的不幸遭遇。

民族意识，倘若不是协调地凝聚了全体人民内心深处的诉求，倘若不是人民动员最直接、最具体的产物，那将只是空洞、脆弱、粗糙的形式而已。我们在民族意识中发现的缺陷，充分说明了年轻的独立国家为何会轻易地从民族过渡到种族，从国家过渡到部落。对于国家发展和民族统一来说，这些裂缝导致的倒退是如此艰难，如此有害。裂缝包含的弱点及严重的危险是历史的产物，因为不发达国家的民族资产阶级无法使民众的实践合理化，也就是说，无法从中提取理由。

不发达国家的民族意识中这种几乎先天性的典型缺陷，不仅仅是被殖民者在殖民体制中变得残缺的结果，同样也是民族资产阶级懒惰、贫乏及思想深受各国影响的结果。

在殖民体制结束时取得政权的民族资产阶级是个不发达的资产阶级。它几乎毫无经济实力，无论如何，无法与它想要取代的宗主国资产阶级的经济实力相当。民族资产阶级沉浸在自我陶醉中，很容易就相信自己能轻易地取代宗主国资产阶级。但是独立把它逼得完全走投无路，在它身上引发灾难性的反应，迫使它向过去的宗主国发出焦虑的呼唤。受过大学教育的干部和商人是新独立国家中最见多识广的群体，其特点是人数少、集中在首都，活动类型主要是大宗买卖、农业开发、自由职业。在这个民族资产阶级内部，没有工业家，也没有金融家。不发达国家的民族资产阶级不倾向从事生产、发明、建造和劳动。所有人都被引向中介型活动。它的崇高使命似乎就是流通，就是算计。民族资产阶级的心理更像是商人，而不是产业领导人。但不可否认的是，殖民者的贪得无厌和殖民主义的禁运体制，也没有给民族资产阶级留下太多选择的余地。

在殖民体制中，资产阶级不可能积累资本。确切地说，在不发达国家中，民族资产阶级真正的历史使命，似乎就是否认自己是资产阶级，否认自己是资本的工具，使自己完全成为由人民构成的革命资本的奴隶。

在不发达国家，真正的民族资产阶级应该背弃其天然使命，完成一项无法推卸的职责：成为人民的学校，换句话说，由人民来支配它在殖民地大学中所学到的一切知识和技术资本。不幸的是，我们看到民族资产阶级往往背离这条正确积极、富有成效、英雄主义的路，而心安理得地走上那条可怕的路，那条反民族的路，那条典型的资产阶级的路，那条卑躬屈膝、愚蠢可笑、厚颜无耻的资产阶级的路。

我们已经看到，从某个时期开始，民族主义政党的目标是纯粹民族的。它们以独立的口号动员民众，剩下的则打算将来再说。当我们对它们声称的国家经济纲领和它们打算建立的经济制度提出疑问时，它们无法回答，因为确切来说，它们对自己国家的经济一无所知。

经济始终在民族资产阶级之外发展。对自己国家地上及地下现有和潜藏的资源，它们只有一种大概的书本知识。因此它们只能在抽象、笼统的层面讨论经济。独立以后，这个不发达的资产阶级数量减少，没有资本，拒绝革命，势必悲惨地停滞不前。资产阶级不能自由地发挥自己的才华，过去它们还可以略微轻率地说，是殖民统治没有给它们发挥才华的空间。资金的不稳定和中层干部的缺乏，使其在数年间一直陷入手工业型经济的绝境。资产阶级的观念不可避免地十分局限，认为民族经济是建立在人们所谓地方产品基础上的经济。于是出现了许多有关手工业的重要演说。由于无法开设为国家和自己挣更多钱的工厂，资产阶级就用沙文主义式的温情包装手工业，将其与新民族的尊严问题挂钩，无论如何，手工业还是能给它们带去基本的收益。这种对地方产品的崇拜，这种无法想出新方向的困境，也表现在民族资产阶级维持殖民地时期特色的农业生产中。

独立后的民族经济没有重新设定方向，始终围绕着花生、可可、橄榄的收成展开。同样，基础产品的贸易也没有任何改变。国内没有设立任何工业。我们继续出口原材料，继续为欧洲提供农产品，继续做未加工产品的专家。

然而，民族资产阶级不断要求经济和商业部门国有化。对它来说，国有化并不意味着全体经济为国家服务，也不意味着满足国家的所有需要。对它来说，国有化并不意味着按照设计好的新型社会关系来支配国家。对它来说，国有化仅仅意味着从殖民时期承袭下来的特权优待会转移给当地人。

由于资产阶级既缺乏充分的物质手段，也没有足够的知识手段（工程师、技术人员），因此它的要求只局限于占据前殖民者遗留下来的办公室和商店。民族资产阶级取代了此前欧洲移民的位置：医生、律师、商人、代理人、经理、转运商。它认为，出于国家尊严与保卫自身的考虑，必须占据所有这些岗位。随后，它要求外国的大公司，不管是想在本国继续经营，还是计划进入本国，都要由它经手。民族资产阶级发现了自己充当中间人的历史使命。正如我们所见，民族资产阶级的历史命运不是改造国家，而是在资本主义带上新殖民主义的面具伪装自己之后，乏味地充当其传送带。民族资产阶级称职地扮演西方资产阶级事务代言人的角色，不但不以为耻，反而沾沾自喜。有利可图的角色、收入低微的职位、见识狭隘的眼光、雄心壮志的缺乏，意味着民族资产阶级没有能力发挥自己作为资产阶级的历史作用。在所有其他民族资产阶级身上，我们可以看到生机勃勃的开拓者、探索世界的发明者，可悲的是，我们在这里看不到此般面貌。在殖民地国家的民族资产阶级内部，享乐主义思想盛行。在心理层面上，民族资产阶级自认与西方资产阶级相同，因为它的全部教育都来自西方资产阶级。它现在追随的是西方资产阶级负面和颓废的一面，却没有经历成就今天西方资产阶级盛况的探索和发明的最初阶段。殖民地国家的民族资产阶级实际上处于发展的初期，却以为自己处于西方资产阶级发展的后期。不要相信它跨越了各个阶段。实际上，它是从结尾开始的。它未曾经历过青少年时期的活力勃发、勇敢无畏、追逐所愿，就已经衰老了。

民族资产阶级的堕落得到西方资产阶级的大力援助，后者以爱好异国风情、打猎、赌场的观光客身份出现。民族资产阶级为西方资产阶级修整了一些疗养中心和娱乐场所。此类活动打着旅游的名号，被纳入国家产业。此前被殖民的资产阶级摇身一变，成了西方资产阶级“派对”的组织者，如果我们想要证据证明，可以回顾一下在拉丁美洲发生的事。哈瓦那①和墨西哥城②的赌场、里约③的海滨、巴西和墨西哥的少女、十三岁的混血少女、墨西哥的阿卡普尔科④、巴西的科帕卡巴纳⑤，这些都是民族资产阶级堕落行为的可耻标记。民族资产阶级缺乏主见，把门关起来，与人民隔绝，天生没有能力从国家全局层面思考整体问题，于是它成了西方企业的代理人，几乎将自己的国家变成了欧洲的妓院。

我们眼前应该再一次出现拉丁美洲某些共和国的悲惨景象。美国的生意人、大银行家、技术官员飞到“热带地

---

① ［译注］哈瓦那（Havane），古巴首都。

② ［译注］墨西哥城（Mexico），墨西哥首都。

③ ［译注］里约（Rio），指里约热内卢，原巴西首都。

④ ［译注］阿卡普尔科（Acapulco），墨西哥著名的海滨旅游城市之一，太平洋沿岸重要的冬春度假胜地和出口港。

⑤ ［译注］科帕卡巴纳（Copacabana），巴西的科帕卡巴纳海滩常被称为世界最美海滩，长 8 公里，呈新月状，也叫月亮湾海滩。

区”，八至十天一直窝在他们专属的“保留地”里，酒池肉林，夜夜笙歌。

民族土地所有者的行为实际上与城市资产阶级的行为类似。国家一宣布独立，大农场主就立刻要求农业经营国有化。他们使用各种手段获取从前殖民者拥有的农场，加强自己在当地的影响力。但他们并不试图重振农业，提高产量，或把农业整合到真正的国民经济中去。

相反，土地所有者要求政府保障他们的权益，使他们百倍享受过去外国殖民者享受的便利与特权。对农业劳动者的剥削更甚，还合法化了。这些新殖民者嘴里嚷嚷着两三个口号，要求农业劳动者卖命工作，当然名义上是为了建设国家。没有农业的现代化，没有发展计划，没有革新，因为革新就意味着风险，而即便是最低程度的风险，也会使这些占有土地、犹豫不决、谨慎小心的资产阶级惊慌失措，他们越来越陷入殖民主义设置的固定循环。在这些地区，革新是政府的事。政府做决定，加以鼓励，提供资金。农业资产阶级拒绝冒任何风险。它反对赌博、冒险，不想在沙堆上盖房子，只求牢靠、迅速的回报。它装进口袋的利润比起国民收入来说，可谓巨额资金，却没有将其用于再投资。它心心念念着把每一分钱都存起来。有时候，尤其是在独立后的那几年，资产阶级毫不迟疑地把它从国土上攫取的利润存到外国银行。但与此同时，它也会花费巨资用来胡吃海喝，买车买别墅，做出一些被经济学家认为是不发达资产阶级典型特征的行为。

我们说过，掌权后的被殖民资产阶级将阶级攻击性用于独占过去被外国人掌控的位置。刚独立时，它确实和殖民主义的人力残留——律师、商人、土地所有者、医生、高级官员——发生过冲突，它声称要与这些“侮辱民族尊严的人”斗争到底。它使劲挥舞着干部民族化和干部非洲化的概念大旗。它的行动实际上沾染了越来越多的种族主义色彩。它粗暴地向政府提出一个明确的要求：我们必须占据这些岗位。只有占据全部岗位，它的怒气才会平息。

城市无产阶级、失业群众、小手工业者等收入微薄的人，与民族资产阶级一道，秉持民族主义的态度，但我们必须给他们一个公道：他们只是在模仿资产阶级的表态。如果说民族资产阶级在同欧洲人竞争，那么手工业者和收入微薄的人就是在同非本国的非洲人竞争。在象牙海岸①爆发了反达荷美人②和反上沃尔特人③的种族主义骚乱，达荷美人和上沃尔特人多在重要领域从事小型贸易，在独立后，他们感受到了象牙海岸人的强烈敌意。我们从民族主义过渡到了极端民族主义、沙文主义、种族主义。

① ［译注］象牙海岸（Côte-d'Ivoire），今科特迪瓦。
② ［译注］达荷美人（Dahoméenne），今贝宁人。
③ ［译注］上沃尔特人（Voltaïque），今布基纳法索人。

我们要求外国人离开，烧毁他们的商店，拆掉他们的摊位，对他们施暴，最终，象牙海岸政府勒令他们离开，由此满足了国民的要求。在塞内加尔则表现为反苏丹人①的示威游行，马马杜·迪亚②先生因此指出："实际上，塞内加尔人民只是爱戴自己的领导人，才会同意加入马里联邦。③ 这一行动是人民对这些领导人的政治才能表现出的信赖所致，除此之外，没有别的意义。塞内加尔领土不会因此失去活力，尤其因为苏丹人在塞内加尔首都达喀尔表现得过于强势，让人无法释怀。这说明了马里联邦的解体不但没有引发遗憾，反而受到人民群众的欢迎，使他们松了口气，也说明没有任何一方表现出支持马里联邦继续存在的意愿。"④

① [译注] 苏丹人（Soudanaise），今马里人。

② [译注] 马马杜·迪亚（Mamadou Dia，1910—2009），塞内加尔政治家，第一任总理。迪亚曾是桑戈尔总统的亲密战友，塞内加尔独立以后，桑戈尔主管国际关系，迪亚主抓经济建设。迪亚因主张发展粮食生产，来取代法国殖民时期的支柱产业花生种植，招致多重阻力。1962 年，迪亚被桑戈尔以企图发动政变的名义夺权，1976 年获大赦，此后在世界银行任职。迪亚著有《论黑非洲经济》（*Réflexions sur l'économie de l'Afrique noire*，1954）、《非洲国家与世界团结》（*Nations africaines et solidarité mondiale*，1960）等书。

③ [译注] 1959 年 4 月 4 日，法属苏丹（Soudan français）和塞内加尔两个自治共和国决定在法兰西共同体（Communauté française）内结成联邦，首都设在达喀尔，总统由莫迪博·凯塔（Modibo Keïta，1915—1977）担任，以西非地区古代马里帝国的名称命名为"马里联邦"。1960 年 6 月 20 日，马里联邦宣布完全独立。但不久之后，塞内加尔和苏丹就因为是否应当退出法兰西共同体产生分歧。8 月 20 日，塞内加尔宣布退出马里联邦，留在法兰西共同体内。苏丹则保留了"马里"这一名称，并于次月宣布退出法兰西共同体。

④ 马马杜·迪亚：《非洲国家与世界团结》，法国大学出版社（PUF），1960 年，第 140 页。

塞内加尔某些阶层抓住自己领导人提供的机会，摆脱了这些或在商业领域或在行政管理领域给自己造成麻烦的苏丹人，与此同时，刚果人先是难以置信地看着比利时人大批撤离，随后决定向住在利奥波德维尔和伊丽莎白维尔[1]的塞内加尔人施压，让他们离开。

正如我们所见，两种现象中的机制是一样的。如果说欧洲人限制了年轻国家的知识分子和商业资产阶级的贪婪，那么对于城市民众来说，竞争对手主要是来自不同国家的非洲人。对象牙海岸来说是达荷美人，对加纳来说是尼日利亚人，对塞内加尔来说是苏丹人。

资产阶级提出干部黑人化或干部阿拉伯化，并不是出于真正的民族化诉求，而只是为了让自己能够获得此前由外国人掌握的权力；群众在他们的思考水平上提出同样的要求，但局限在黑人或阿拉伯人的领土范围内。在有关非洲统一的响亮主张与受干部启发的群众行为之间，出现了各种各样的态度。一头是渐趋消亡的非洲统一理念，另一头是最令人恼火和厌恶的沙文主义的回归，这些态度总是在两者之间来来回回。

马马杜·迪亚指出："塞内加尔领导人是提出非洲统一的主要理论家，他们多次为这一思想牺牲了他们的地方

---

① ［译注］伊丽莎白维尔（Elisabethville），刚果民主共和国第二大城市卢本巴希（Lubumbashi）的旧称。卢本巴希是加丹加省首府，刚果最重要的工矿城市。

政治组织和个人地位，他们确实是出于好意，但也负有不可推卸的责任。他们的错误、我们的错误，是以反巴尔干化[①]为借口，而没有充分考虑领土主义这个前殖民事实。我们的错误，是在我们的分析中没有充分注意这一现象，这是殖民主义的结果，也是个社会学事实，无论有关统一的理论多么值得赞扬，多么令人欣赏，都无法消除这一事实。我们被最能满足精神的幻象迷惑，把理想当作现实，以为只要在口头上谴责领土主义及其自然产物——微型民族主义，就能够获得胜利，确保我们幻想中事业的成功。”[②]

从塞内加尔的沙文主义到沃洛夫人[③]的部落主义，距离不会很远。无论在哪，如果民族资产阶级由于行动上的斤斤计较，以及理论立场的不甚明了，而无法启发全体人民，无法首先提出有关人民的问题，如果民族资产阶级无法拓展它的世界观，我们就会看到部落主义立场的回流，我们会愤怒地看到种族关系急剧紧张。既然资产阶级的唯一口号是“让我们代替外国人”，既然它急于要在所有部门寻得公道，抢占位置，那么小国民——出租车司机、糕点小贩、擦鞋工——同样能要求达荷美人回他们的老家，或更加极

---

① ［译注］巴尔干化（balkanisation），地缘政治术语，指地方政权在诸多地方之间的分割，及其所产生的地方政府体制下的分裂现象，也称为“碎片化”。

② 马马杜·迪亚：《非洲国家与世界团结》，法国大学出版社，1960 年，第 140 页。

③ ［译注］沃洛夫人（Wolof），又称乔洛夫人、雅洛夫人、约洛夫人，塞内加尔第一大民族。大部分人分布在塞内加尔河流域，少数分布在冈比亚、毛里塔尼亚、马里和几内亚；使用沃洛夫语，有用拉丁字母拼写的文字；多信奉伊斯兰教；经济以花生种植为主。

端，要求富尔贝人[①]和颇尔人[②]返回荆棘丛林和山上去。

我们应该以这种观点，来解释联邦主义在各个新兴的独立国家中获胜的原因。我们知道，殖民统治对某些地区另眼相待。殖民地经济没有被纳入国家的整体经济。殖民经济一直都是为了补充不同宗主国的经济而存在的。殖民主义几乎从不会开发整个国家。它满足于发掘天然资源，开采这些资源，输送给宗主国的工业。由此，殖民地的部分地区相对富裕，而其余地区则继续甚至加深了原本不发达和贫困的状态。

独立后不久，住在繁荣地区的国民意识到自己的幸运，下意识拒绝供养其他国民。与国家其他地区空荡荡的场景相比，盛产花生、可可、钻石的地区显得分外突出。这些地区的人仇视其他地区的人，因为他们看到了后者眼中的妒忌、欲望和杀人的冲动。殖民化之前的敌对情绪、种族间的仇恨情绪被重新点燃。巴卢巴人[③]拒绝养活卢卢

① ［译注］富尔贝人（Foulbé），又称富拉尼人，主要分布在尼日利亚，其余分布在几内亚、塞内加尔、马里、喀麦隆、尼日尔等国，使用富尔贝语，部分信仰伊斯兰教，主要从事游牧业和农业。

② ［译注］颇尔人（Peuhl），又称颇勒人、颇拉尔人，主要生活在西非、乍得、中非共和国、苏丹等地，常与其他部族混居，并在其中居少数。沃洛夫人称其为颇尔人，他们则自称富尔贝人。

③ ［译注］巴卢巴人（Baluba），又称卢巴人，主要分布在刚果民主共和国的沙巴大区、基伍大区南部和东开赛大区东南部，少数分布在赞比亚；巴卢巴人通用的奇卢巴语是中部非洲使用人口最多的语言之一，有以拉丁字母为基础的文字；信仰万物有灵，部分信基督教新教；主要从事热带农业，兼事狩猎、捕鱼、采集和小型畜牧业。

阿人[①]。加丹加省宣布独立建国，阿尔贝·卡隆吉则自封为南开赛的国王。

非洲统一是一个含糊的口号，却得到了非洲男女的热情支持，其实用价值在于向殖民主义施加可怕的压力，揭露其真面目，并在同一国家的现实内部分裂为地方主义。民族资产阶级目光如豆，只知道抓住眼前的利益，因此没有能力实现单纯的民族统一，也没有能力把国家建立在牢固且富裕的基础上。民族阵线曾经打败殖民主义，现在却日渐衰败，自我解体。

不同种族和部落之间的无情战争，要抢占外国人离开所腾空位的咄咄逼人，还导致了宗教上的竞争。在农村和偏远地区，一些小教团、地方宗教、马拉布崇拜重新活跃起来，互相争夺势力地盘。在大城市，行政管理部门则看到两大启示宗教——伊斯兰教与天主教——间的对抗。

殖民主义被非洲统一理念的诞生动摇了根基，复又重振旗鼓，企图利用运动的所有弱点来粉碎统一的意志。殖民主义向非洲人民披露“宗教”敌对势力，以此来动员他

① ［译注］卢卢阿人（Lulua），又称贝纳-卢卢阿人、卢卢瓦人，主要分布在刚果民主共和国的开赛河上游、西开赛省境内，使用卢卢阿语。1960 年，刚果独立几个月前，比利时一走了之，刚果陷入混乱。在开赛省，巴卢巴族人和卢卢阿族人之间爆发了种族灭绝战争。

们。在塞内加尔，《新非洲报》（*Afrique nouvelle*）每周散播对伊斯兰教和阿拉伯人的仇恨。在西海岸掌控大部分零售业的黎巴嫩人被交由国家制裁。传教士借机提醒非洲民众，在欧洲殖民主义到来之前，阿拉伯人的入侵就已经摧毁了庞大的黑人帝国。他们毫不迟疑地说，是阿拉伯人的占领为欧洲的殖民主义铺平了道路。他们大谈阿拉伯帝国主义，揭发伊斯兰教的文化帝国主义。穆斯林通常被排斥在领导岗位之外。另一些地区则呈现完全相反的景象，信奉基督教的当地人在客观上和意识上被视作民族独立的敌人。

殖民主义恬不知耻地使用各种诡计，志得意满地看到昨天还联合起来反对自己的非洲人，现在已经被挑拨得反目成仇。圣巴托洛缪[①]的概念在某些人的思想中具象化了，殖民主义听到非洲统一的崇高宣言，在一旁微微冷笑。在同一个国家内部，宗教分裂人民，由殖民主义及其工具维护和扶持的宗教社团彼此对立。到处爆发完全出乎意料的事件。在天主教或新教为主的国家，身为少数派的穆斯林变得格外虔诚。穆斯林开始重新庆祝宗教节日，伊斯兰教步步为营，抵制天主教的粗暴专制。我们听到一些部长对

① [译注] 圣巴托洛缪 (Saint-Barthélémy)，指法国圣巴托洛缪大屠杀。1572 年 8 月 24 日圣巴托洛缪节夜里，巴黎数万名天主教徒对城内的胡格诺教徒进行了血腥的大屠杀，并持续了几个月，约 10 万名胡格诺教徒被杀害，引发了旷日持久的宗教战争。

某些人说，如果他们不满意，那就上开罗去。有时候，美国的新教徒把他们反天主教的偏见移植到非洲土地上，通过宗教维持部落间的相互敌对。

在非洲大陆，宗教的紧张局势可能会披上最平凡的种族主义的外衣。非洲被分为黑非洲和白非洲。替代称呼——撒哈拉沙漠以南非洲和撒哈拉沙漠以北非洲——终究无法掩盖这种潜藏的种族主义。人们认为白非洲有上千年的文化传统，属于地中海世界，是欧洲的延伸，具有希腊与拉丁文化的特质。黑非洲则是一个野蛮、未开化、了无生气的荒凉地带。在那里，人们整日听到有关女人的面纱、一夫多妻制、阿拉伯人对女性的歧视等令人厌烦的话题。这些话题挑衅意味十足，常让人联想起殖民者。两大地区各自的民族资产阶级从殖民主义思想最腐坏的根基中汲取养分，接替了欧洲人，在这片大陆上设立了一套对非洲未来十分有害的种族主义哲学。它们懒惰得只爱依样画葫芦，支持作为殖民时代标志的种族主义在非洲生根发芽，逐渐壮大。在一个所谓的非洲国家，倘若我们听到的只有种族主义的想法，看到的只是家长作风的行为，这并不稀罕，只是留给我们一种苦涩的印象，仿佛我们身处巴黎、布鲁塞尔或伦敦。

在非洲某些地区，赤裸裸地盛行着两种思想：一种是代表黑人说话的家长作风，另一种是源自西方文化的荒诞思想，即黑人无法理解逻辑和科学。在某些黑人占少数派的国家，我们有时甚至会看到黑人处于半奴隶状态，这一现象解释了为何黑非洲国家在面对白非洲国家时，总是保持一种审慎的态度，有时甚至是不信任。一个黑非洲国家的公民走在白非洲国家的大城市里，听到孩子们叫他“黑鬼”，或一些官员用对黑人孩子说话的口吻对他说话，这种现象并不罕见。

不幸的是，不止一次，在撒哈拉沙漠以北地区的中学里上学的黑非洲学生，听到同学们问自己在家乡是否有房子，是否知道电为何物，家里是否吃人肉。不幸的是，不止一次，在撒哈拉沙漠以北的部分地区，来自撒哈拉沙漠以南的非洲人遇见一些同胞，后者请求他们把自己带去“随便哪里，只要和黑人在一起”。同样，在某些年轻的黑非洲国家，一些议员，甚至一些部长都严肃地宣称，危险不在于国家再次被殖民主义占领，而是“来自北方充满破坏欲的阿拉伯人”可能会南下入侵。

正如我们所见，资产阶级的无能不仅仅表现在经济层面。资产阶级以狭隘的民族主义、以种族的名义掌握权力，尽管发出了一些形式浮华却内容空洞的宣言，但他们完全不负责任地摆弄的那些语句，被证实直接出自欧洲的道德契约或政治哲学，这成了他们无能的证明，即无法制定具有最基本的人道主义内容的纲领。当资产阶级强大到能够按照自己的力量安排世界时，会毫不迟疑地肯定具有普遍意义的民主思想。对拥有牢固经济基础的资产阶级来说，只有提出一些特殊条件，才能迫使其背弃自己的人道主义思想。西方资产阶级尽管是彻底的种族主义者，但常通过多种细微的差异来掩盖自己的种族主义，使其宣称的人类至高尊严得以完整保存。

西方资产阶级设置了足够的路障和栏杆，不用担心与它所剥削和蔑视的那些人竞争。西方资产阶级对黑人和北非阿拉伯人的种族主义，是一种蔑视的种族主义，是贬低对方重要性的种族主义。但资产阶级思想宣扬人与人之间实质上是平等的，为了使自己逻辑自洽，它便邀请那些次等人通过它所代表的这类西方人道主义，来完成人性的提升。

年轻的民族资产阶级的种族主义是一种防御性的种族主义，一种基于恐惧的种族主义。它在本质上与庸俗的部落主义，甚至与党派或宗教社团之间的对抗没什么两样。我们能理解，为什么敏锐的国际观察员没有认真看待非洲统一意图高涨的现象。因为肉眼所及之处，能看到那么多裂缝，我们自然知道，在统一时刻到来之前，首先必须解决所有这些矛盾。

非洲人民直到最近才发现彼此，决定以非洲大陆的名义，共同彻底地对抗殖民体制。此时，民族资产阶级正一个区接一个区，为自己敛财，组建一个全国性剥削体系，于是它们多次阻挠这个“乌托邦”的实现。民族资产阶级深知自己的目标，决心阻止统一，阻拦两亿五千万人为了同时战胜愚昧、饥饿和不人道所作出的努力。因此我们必须明白，非洲统一只有在人民的推动和领导下，即无视资产阶级利益的前提下，才能实现。

在内政和制度方面，民族资产阶级同样显得无能。在一些不发达国家，议会这个招数根本就是唬人的。民族资产阶级无法振兴经济，无法在自身作主导阶级的原则上建立和谐的社会关系，于是它选择了自认最容易的解决办法：一党制。它尚不具备只有经济实力强大、掌控国家机关时才能获得的问心无愧和心平气和。它创造的国家不是使人民安心，而是使人民担忧。

国家本应同时以强劲的实力和敏锐的判断力赢得国民的信任，卸下他们的武装，使他们安然入睡；现实却完全相反，国家在炫耀自己，制造混乱，暴力对待人民，使人民感到自己一直处于危险当中。一党制是毫不掩饰、肆无忌惮、厚颜无耻的资产阶级实行专政的现代形式。

这种专政不可能走得很远，这是事实。它不断暴露自身的矛盾。因为资产阶级没有足够的经济实力确保其统治地位，同时分给全体国民一杯羹，也因为它整日忙于以最快和最乏味的方式装满自己的钱包，国家越发陷入萧条。

为了掩盖萧条，为了掩饰倒退，为了使自己安心，也为了给自己骄傲的借口，资产阶级没有别的办法，只能在首都修建宏伟的建筑，做所谓的面子工程。

民族资产阶级越来越无视国内的形势，无视国家荒芜的现实，反而转向过去的宗主国，转向为它提供服务的外国资本。由于民族资产阶级绝不与人民分享利益，绝不允许人民碰一下外国大公司支付的酬劳，它发现自己需要一个人民领导人，后者肩负双重任务：一方面，稳定体制；另一方面，永远维护资产阶级。在发达国家，我们知道，资产阶级专政是资产阶级强大的经济实力的产物。相反，在不发达国家，领导人用精神威力庇护资产阶级，使瘦弱、贫困的资产阶级在新兴国家中饱私囊。

多年来，人民亲眼见过或听说过这种领导人，人们远远地、梦幻般地追踪领导人和殖民势力对抗的消息，本能地信任这位爱国者。独立之前，领导人一般代表人民的诉求：独立、政治自由、民族尊严。然而，独立不久后，领导人非但远未代表人民的具体需求，远未使人民获得真正的尊严——把面包、土地和国家放到人民神圣的手中的尊严，反而暴露了他私下的职务：在由急于享乐、唯利是图的民族资产阶级组成的公司里担任总裁。

尽管领导人常常为人正直，他的宣言也是真诚的，但从客观上来说，他的确在拼命保护今天民族资产阶级和前殖民公司结合在一起的利益。况且，他那原本纯粹受良心支配的正直也日渐风化了。领导人和群众的接触是如此不真实，以至于他竟然相信群众在怨恨他的权威，怀疑他为祖国服务的真诚。领导人严厉批评群众的忘恩负义，每一天都坚决地往剥削者阵营的方向靠拢一步。于是，他明知故犯，转变为逐渐堕落、耽于享乐的年轻资产阶级的同谋。

年轻国家的经济流通不可逆转地陷入新殖民主义的泥沼。国家经济从前受到保护，今天则是完全被指挥。预算通过借贷和赠款来维持。每个季度，国家领导人本人或政府代表团都会到从前的宗主国或别处去筹措资金。

从前的殖民势力不断要求增加特许权和担保，越来越不费心掩饰对国家政权的压制。人民继续可悲地生活在难以忍受的贫困之中，渐渐意识到领导人卑劣的背叛。因为资产阶级自身无力形成一个阶级，这种意识变得更加尖锐。资产阶级不会根据不同领域、不同层级对财富进行细致的差异化分配。当90%的人民处于快要饿死的境地时，这个新的特权阶级对广大人民群众来说，显得尤为侮辱人和令人愤怒。这个特权阶级恬不知耻，快速无情地敛财，人民因此彻底觉醒了，意识到未来很可能要通过暴力手段改变自身处境。资产阶级把国家的全部财富纳入自己的收益，以一种逻辑，而且是匪夷所思的逻辑，把贬义的评价安在黑人或阿拉伯人身上，多处都让人联想起从前殖民势力代表所宣扬的种族主义学说。人民生活在贫困中，掌握特权的资产阶级却毫无节制地敛财，赤裸裸地表现出对其他民众的蔑视，这种状况使人民的想法和态度变得坚决起来。

但一些破壳而出的威胁导致当局政权更加稳固，甚至出现了独裁。领导人本是战士出身，是忠诚的爱国者，现在却在人民和贪婪的资产阶级之间筑起一道屏障，为这个特权阶级提供担保，对资产阶级的蛮横、平庸和不正当交易视而不见。他参与阻止民众的觉醒。他帮助这个特权阶级，向人民掩盖它的种种手段，就这样，沦为了蒙蔽和麻痹群众工作最热忱的主使者。每次对人民讲话，他总是提起当年的英勇事迹，说他代表人民战斗，以人民的名义获得胜利，他是想要告诉群众，他们应该继续信任他。许多非洲的爱国者，他们在前辈小心谨慎的政治斗争中，引入民族主义性质的果敢风格。这些人来自偏远地区。他们毫不掩饰自己来自偏远地区，宣称自己代表黑人说话，使占领者大受侮辱，使首都的国民大大蒙羞。这些人曾歌颂自己的种族，承担起所有的过去，无论是退化还是吃人肉的旧俗，可今天他们身居高位，唉！就无视身后的家乡，宣称人民的使命就是跟随，继续跟随，永远跟随。

领导人安抚人民。独立后的几年里，领导人无法使人民参与具体的事业，无法为人民开辟真正的未来，无法使人民走上建设国家之路，走上自我发展之路，而只是不断提及独立的历史，提及解放斗争期间神圣的团结。因为领导人拒绝粉碎民族资产阶级，便要求人民退回过去，沉湎在赢得独立的壮丽史诗中。领导人在客观上阻止人民，拼命要把人民从历史中除名，或阻止他们在历史中站稳脚跟。在解放斗争期间，领导人唤醒人民，答应他们勇往直前，改天换地。如今他却加倍努力麻痹人民，每年三四次要求他们回忆殖民时代，思量他们走过的漫长道路。

然而，必须说明，群众表现出完全不能欣赏自己走过的漫长道路的样子。农民继续在地里刨土，失业者没完没了地失业，尽管确定了一些国家节日，尽管崭新的国旗还在飘扬，但他们无法说服自己，相信自己的生活真正有所改变。掌权的资产阶级无论多么努力地证明，群众还是无法抱有幻想。群众饿着肚子，今天的警察局长虽然已经换成非洲人，却仍没法让他们放心。群众开始生气，调头离开，不再关注这个没有给他们留下任何位置的国家。

然而，领导人时不时地在电台讲话，参加巡视，以安抚、平息、蒙蔽群众。由于没有政党，就更加需要领导人。在独立斗争时期，的确存在一个由当今领导人领导的政党。可是独立后，这个政党就可悲地解体了。只有形式上的政党、名称、党徽和口号保留下来。一个有建制的政党本应该从群众的真正需求出发，根据这些需求制定的思想应该能够在党内自由流通，但这个政党今天已然变成了追求个人利益的工会。独立以来，政党不再帮助人民提出诉求，帮助他们更好地意识到自身的需要，更好地巩固他们的权力。今天，政党的任务是把上层的指令传达给群众。过去，自下而上和自上而下的思想沟通能奠定和保证党内民主，现在再也没有了。相反，政党组成了群众和领导层之间的屏障。再也没有党内生活，殖民时期设立的支部今天处于完全瘫痪状态。

战士们强忍怒火。这时我们回想起，某些战士在解放斗争中所采取的立场原来是正确的。在战斗阶段，一些战士要求领导机关制定一个方针，明确行动目标，提出一个纲领。但领导人借口捍卫民族团结，断然拒绝执行这些任务。领导人反复强调，方针就是反对殖民主义的民族大团结。他们把激烈的口号挪作方针，所有思想活动都局限于一系列说法，什么人民自决权，什么殖民主义一去不复返的历史趋势。当战士们要求更深入地分析历史趋势时，领导人就拿希望、拿必要且不可避免的非殖民化等说法来搪塞他们。

独立后，政党陷入惊人的麻木状态。政党只在所谓的人民游行、国际会议、独立庆典时才动员战士。政党的地方干部被安排到行政岗位上，政党变成了行政机关，战士们回归人民的队伍，空有公民的头衔。

战士们已经完成了把资产阶级扶持上台的历史任务，他们被坚决劝退，以便资产阶级可以平稳地完成自己的任务。然而，我们已经观察到，不发达国家的民族资产阶级没有能力完成任何任务。几年以后，政党的瓦解变得十分明显，即便是最肤浅的观察员也能意识到，过去的政党今天已经变成了一个空壳，只用于稳定民心。在战斗阶段曾经吸引全体国民的政党，现在解体了。在独立前夕加入阵营的知识分子，通过他们现在的行动证明，他们的归附没有别的目的，只是为了能在独立后参与蛋糕的分配。政党成了个人获得成功的工具。

然而，在新体制内部，也存在变富和独占方面的不平等。有些人能多渠道获取财富，展现了出色的投机天赋。特权增加，贪污横行，道德败坏。今天，国家作为战利品过于瘦弱，以这具躯体为食的乌鸦却数量过多，也太过贪婪。政党沦为资产阶级的权力工具，用于加强国家机关，确定人民活动范围，稳住他们不出意外。政党帮助权力机关掌控人民，日渐成为强制的工具，明确反民主的工具。政党在客观上，有时是在主观上，成为唯利是图的资产阶级的同谋。就像跳过建设阶段，投入享乐一样，在制度方面，民族资产阶级跳过议会阶段，选择民族社会主义式的独裁。我们知道，迄今为止，缺乏远见的法西斯主义在拉丁美洲横行半个世纪，这正是独立时期半殖民国家的辩证结果。

在这些贫穷的不发达国家里，根据规则，最富有的和最贫穷的并肩同行，军队和警察成为制度的支柱。军队和警察——不要忘记，这也是一种规则——是由外国专家提议组建的。警察的力量、军队的力量，同国家其余部分的萎靡状态成正比。民族资产阶级越来越公然卖身给外国大公司。外国势力不断借钱财开路，获得特许权，丑闻频发，上至高层——部长们大发横财，他们的妻子变身娼妓，议员予取予求——下至警察和海关人员，没有人不加入这支庞大的贪污队伍。

反对势力变得更具攻击性，不必细说，民众就领会了其宣传。人民对资产阶级的敌意日益明显。年轻的资产阶级却似乎得了早衰症，完全听不进别人的意见，它无法理解，即便是稍微掩饰一下自己的剥削行径，对它也是有利的。

布拉柴维尔①极具基督教倾向的《非洲周报》（*La Semaine africaine*）对体制中的受益者写道："掌权者和你们的妻子，你们今天享有富裕舒适的生活，可能接受教育，住在漂亮的房子里，人脉广博，托付给你们的多重任

① ［译注］布拉柴维尔（Brazzaville），刚果共和国首都，第一大城市，全国政治文化中心。

务打开了你们的新视野。但你们的所有财富也像一层外壳，把你们裹住，让你们看不到周围的苦难。当心!”这是《非洲周报》对尤卢[1]先生的走狗们发出的警告，应该说，不具备任何革命性。对那些使刚果人民挨饿的人，《非洲周报》想说的是，上帝会惩罚他们的行为。“如果你们心中没有为下面的人留位置，那么上帝也不会在上面的天堂给你们留位置。”

很显然，民族资产阶级没有因为这种指责而惴惴不安。它攀附于欧洲，仍一心要好好利用当前的状况。资产阶级通过剥削人民获得巨大收益，再将收益送到国外。年轻的民族资产阶级往往比外国的大公司更不信任自己建立的制度。它拒绝在国内投资，需要指出的是，它还对保护自己、养育自己的国家表现出明显的忘恩负义。它在欧洲金融界炒股，在巴黎或汉堡过周末。某些不发达国家的民族资产阶级的行为，让人联想到一伙盗贼，在每次持械抢劫后，向同伙隐藏自己那部分赃物，小心翼翼地准备撤退。这种行为暴露出，民族资产阶级多少是有意识地在长

① [译注] 富尔贝尔·尤卢（Fulbert Youlou，1917—1972），刚果（布）民族主义领袖、政治家、天主教会神父，1959 年 11 月 21 日至 1963 年 8 月 15 日任刚果共和国总统。尤卢是刚果历史上最具争议的人物之一，他领导中央刚果（Moyen Congo）实现了国家独立，成为刚果共和国的第一任总统。但他当政期间，对外亲法卖国，对内独裁腐败，残酷镇压人民运动。1963 年，刚果爆发“八月革命”，尤卢被推翻，后潜逃至国外，流亡欧洲。

期扮演输家的角色。它知道这种状况不会无限期持续下去，只打算尽可能加以利用。但对国家这种程度的剥削和不信任，必然导致群众的不满。在这种情况下，社会制度变得强硬起来。军队成为系统化镇压中必不可少的支持力量。没有最高法院的时候，军队成了仲裁者。但军队迟早会发现自己的重要性，会使“军事政变”这柄达摩克利斯之剑时刻悬在政府头上。

正如我们所见，某些不发达国家的民族资产阶级没有从书上学到任何东西。如果它仔细查看有关拉丁美洲的篇章，就一定会发现窥伺着自己的危险。于是我们可以得出结论：折腾出如此大动静的微型资产阶级注定会踏步不前。在不发达国家，资产阶级阶段是无法实现的。当然会有警察独裁，会有不法牟利集团，但关于资产阶级社会的设计注定会失败。各形各色的不法牟利者，在贫穷国家的土地上抢夺钞票，早晚会成为外国专家巧妙操控下军队手中的一根稻草。就这样，原宗主国实现了间接统治，既通过它喂养的资产阶级，也通过它的专家指挥的国家军队，这支军队注视着人民，使人民害怕，不敢动弹。

我们对民族资产阶级的观察，使我们得出一个不足以令人惊讶的结论。在不发达国家中，资产阶级不可能找到存在和发展的条件。换句话说，由党指挥的群众，高度自觉、以革命原则武装起来的知识分子，两者共同努力，必须阻止这个无用且有害的资产阶级。

五十多年来，我们在谈及不发达国家的历史时提出的理论问题，即要不要跳过资产阶级阶段的问题，应该在革命行动的层面上解决，而不是通过推理。在不发达国家中，民族资产阶级只有在经济上和技术上足够强大，能够建立一个资产阶级社会，能够为广大无产阶级创造出发展条件，能够使农业工业化，最后能够使真正的民族文化变得可能时，资产阶级阶段才能证明自身存在的合理性。

在欧洲发展起来的类似资产阶级，在增强自身力量的同时，也构建了一套思想。有活力的、受过教育的、世俗的资产阶级，既在资本积累事业上取得了完全的成功，又给国家带来了最基本的繁荣。在不发达国家，我们看不到真正的资产阶级，只有某种野心勃勃、贪得无厌的小型特权阶级，它锱铢必较，满足于原殖民势力为自己提供的分红。这个目光短浅的资产阶级无法产生伟大的思想，也不具备创造性。它想起了它在西方教科书中学到的东西，对着欧洲这幅原画临摹，可不知不觉间，不是变成了复制品，而是变成了讽刺漫画。

反对不发达国家的资产阶级，远不止理论立场问题。问题不在于通过历史的评判来解读对资产阶级的判决。反对不发达国家的民族资产阶级，不是因为它可能会阻碍国家全面协调的发展。我们要坚决反对这个阶级，是因为它确实百无一用。资产阶级攫取的是蝇头小利，这个阶级成就无奇、思想平庸，却企图通过树立个人威信，通过美国车的光亮外表，通过在里维埃拉[①]度假，通过在霓虹闪烁的夜总会过周末，来掩盖自己的庸俗。

这个资产阶级越来越背离全体人民，甚至未能从西方争取到重要的让步：例如对国家经济有益的投资和某些产业的落地。相反，装配工厂成倍增长，使得国民经济在新殖民主义类型的经济中苦苦挣扎。因此，我们还真不能说民族资产阶级延缓了国家的发展，浪费了国家的时间，很可能使国家走上绝路。事实上，资产阶级阶段在不发达国家的历史中是一个无用的阶段。当这个特权阶级被自身的矛盾吞灭时，我们会发现，自独立以来，没有任何进展，一切都要从头开始，从零开始。资产阶级在执政时没有对产业结构进行调整，除了毫无改变地继承殖民者的经济、思想、制度之外，别的什么也没干。

我们看到资产阶级在数字上、知识上、经济上的虚

① ［译注］里维埃拉（Riviera），地中海沿岸的度假胜地，包括意大利的西北海岸和法国的蔚蓝海岸地区。

弱，也使得消解这个阶级变得更加容易。殖民地独立后，掌握特权的资产阶级主要从与原殖民势力签订的各项协定中获取力量。民族资产阶级有足够多的机会与前殖民势力单独相处，便更容易接替殖民主义压迫者。但一些深刻的矛盾搅乱资产阶级队伍，给认真的观察员带去一种不安定的印象。特权阶级内部尚未统一。例如，许多知识分子谴责这种建立在极少数人统治基础上的体制。在不发达国家，一些知识分子、公务员、真挚的精英认为，必须制定经济计划，将不法牟利者从法律允许的范围内驱逐出去，严格禁止任何形式的欺瞒。此外，这些人还在某个范围内，为广大人民群众参与管理公共事务而斗争。

在获得独立的不发达国家中，几乎总有一小部分正直的知识分子，他们没有明确的政治思想，却本能地对殖民地国家独立后出现的症候性的追名逐利保持警惕。这些人的特殊背景（需赡养人口众多的家庭），或他们的历史（艰难的成长经历、严格的道德教育），解释了为何他们会对那些精明世故者、唯利是图者表现出如此明显的蔑视。我们想要引导国家走上健康发展的道路，就必须知道如何在决定性战斗中利用这些人。阻挡民族资产阶级，就是避免独立后的波澜四起，避免民族统一走向不幸，避免道德败坏，避免国家的根基被腐蚀，避免经济衰退，避免建立在武力和恐吓基础上的短期反民主体制；同时，这也是前进的唯一方法。

资产阶级固若金汤的表象，使年轻国家中最民主、最进步的分子变得胆怯，迟迟不能下决定。在新独立的不发达国家中，所有管理人员都聚集在殖民主义建立的城市中。由于缺乏对人口总体状况的分析，观察员们通过城市的情况推断，资产阶级势力强大、组织严密。我们今天知道，事实上，不发达国家中不存在资产阶级。使资产阶级得以存在的，不是精神、品味或态度，甚至不是希望。资产阶级首先是明确的经济现实的直接产物。

然而，殖民地的经济现实是一种外国资产阶级的现实。宗主国的资产阶级通过代理人出现在殖民地的城市中。独立前，殖民地的资产阶级是一种西方资产阶级，是宗主国资产阶级的真正分支，从宗主国资产阶级那里获得合法性、实力和稳固性。在独立前的动荡阶段，在这个进口的资产阶级中，本土知识分子和商人试图与宗主国资产阶级合为一体。他们永远怀揣着成为宗主国资产阶级代理人的意愿。

资产阶级毫无保留、热情万分地采用宗主国特有的思想机制，完全抛弃自己的思想，将意识建立在典型的外国观念基础上，可它愕然地发现，自己缺少成为资产阶级的关键东西：金钱。不发达国家的资产阶级是精神上的资产阶级，缺乏强大的经济实力，缺乏有活力的管理人员，也缺乏宏大规模的构思，无法确保作为资产阶级的资格。一开始，以及此后的很长一段时间内，它实际上是公务员资产阶级。它在新的国家行政机关中占据的位置，使它变得从容和稳定。如果权力机关赋予它足够多的时间和机会，这个资产阶级最终能积攒一笔小钱，用来加强统治。但它始终无法创造出一个伴随着经济和工业发展而形成的真正的资产阶级社会。

民族资产阶级从一开始就倾向于从事中介类的活动。它的权力基础在于它从事贸易与做小买卖的嗅觉，在于它横扫佣金的能力。起作用的不是它的钱，而是它的商业嗅觉。它不投资，便无法积累资本，而资本正是一个真正的资产阶级诞生和繁荣的必要条件。如果按照现在这种速度，它需要几个世纪来创建工业化的雏形。而且无论如何，它都会遇到原宗主国的无情反对，后者会在新殖民主义协定的框架内，采取一切措施预防殖民地的工业化。

如果当局要使国家摆脱萧条状态，带领国家大步走向发展和进步，就必须首先使第三产业国有化。资产阶级想让人接受它的牟利和享乐思想，它高高在上蔑视群众的态度，它攫取利益——应该说盗窃——的丑陋面貌，便在这个领域大量投资。从前由殖民者控制的第三产业，现在被民族资产阶级侵占。在殖民经济中，第三产业早就是最重要的产业。如果我们想要向前发展，就应该第一时间将第三产业国有化。但显然，这种国有化不应该表现为僵硬的国家控制形式。不应该满足于在部门中安插一些没有受过政治训练的公民做领导。每次我们采用这个方法，很快就会发现，政权实际上帮助了由原宗主国培养的公务员专政取得胜利，而后者显然没有能力对国家做全盘规划。他们很快开始破坏国家经济，解散机构，腐败、渎职、侵吞储备、黑市等日渐猖獗。使第三产业国有化，就是以民主的方式组织供销合作社。通过使群众参与管理公共事务，将这些合作社分散布局。我们看到，只有使人民政治化，这一切才能成功。换作以前，我们早就认识到彻底理清这一关键问题的重要性了。今天，大多数不发达国家牢记使群众政治化的原则。但我们似乎没有真正着手这项至关重要的任务。当我们宣称有必要使人民政治化时，我们同时也是想表达，希望人民支持我们开展的行动。一个宣称要使人民政治化的政府，就是在表达与人民一起、为了人民治理国家的意愿。这不应该成为一句掩盖资产阶级领导的用语。资本主义国家的资产阶级政府，早就脱离了这种幼稚的权力阶段。它们冷酷无情地借助它们的法律、经济实力和警察来治理国家。既然它们建立的政权已经稳固，那就没必要浪费时间，故作姿态以蛊惑人心了。它们的统治出于自己的利益，它们也敢于亮出权力。它们创造了合法性，理所当然变得强大。

新独立国家中掌握特权的资产阶级，不像老牌资产阶级那样，凭自身的实力表现得恬不知耻、从容平静。这也是为何前者总是要操心掩盖自己内心深处的信念，使民众看到改变，总而言之，赢得民心。使群众政治化，不是每年三四次，动员数万或数十万男女就够了的。这些集会，这些轰轰烈烈的大会，和独立前的老战术没什么两样，都是炫耀自己的力量，以便向自己，也向他人证明，人民和自己站在一起。使群众政治化，是使他们变得成熟，而不是使他们变得幼稚。

这不由令我们思考政党在不发达国家中的作用。我们在前文中提到，常常有一些看问题过于简单的人——他们属于新兴资产阶级——不断重复说，在不发达国家中，以强权甚至独裁来领导国家事务是必要的。受这种观点影响，政党被赋予了监督群众的任务。政党扮演行政管理者和警察的双重角色，控制人民，不是为了确保人民能真正参与国家事务，而是反复提醒人民，权力机关需要他们服从指令、遵守秩序。这种独裁自以为是历史发展的必然，是独立后不可或缺的阶段，实际上标志着掌握特权的资产阶级在领导不发达国家时的态度转变：首先是依靠人民，但很快就反对人民。政党逐渐变成了情报处，表明权力机关愈来愈倾向防卫姿态。未定型的群众被视作一股盲目的力量，必须通过欺骗，或是通过警察的武力使他们感到害怕，来牢牢加以控制。政党充当晴雨表和情报处。战士变成了告密者，身负农村地区的惩戒任务。反对党初具雏形，就在棍棒和石头的打击下解散了。反对派候选人看到自己的房子被烧毁。警察一再挑衅。在这种情况下，执政党成了独苗苗，99.99%的选票都投给了政府候选人。我们必须认识到，在非洲，部分政府正是按照这种模式行事的。所有的反对党——一般是进步的——努力在公共事务的管理中争取更大的群众影响力，希望倨傲贪财的资产阶级守规矩，却在警棍和监狱的威力下被迫沉默，转入地下。

今天，许多获得独立的非洲地区政党都面临极为严重的权力膨胀。只要有党员在场，人民就不说话，态度温顺无比，对政府和领导歌功颂德。但在街上，晚上在远离村子的地方，在咖啡馆或船上，应该听听人民用苦涩的语气说出的失望甚至绝望的话，话中隐含愤怒。政党没有开辟人民诉苦的渠道，也没有以将人民的意见自由地传达给领导层作为自己的主要任务，反而形成屏障，加以禁止。政党领导人就像部队中的普通士官，不断要求人民“在队伍中保持安静”。这个政党自称是人民公仆，自称要努力实现人民的幸福，可一旦殖民政权把国家交到它手里，它就急匆匆地把人民赶回洞穴。在民族统一方面，政党也是错误百出。所谓国家的政党，行事却像某个民族的政党。这是真正意义上的部落组成的政党。这个政党号称自己全心全意属于国家，号称自己代表全体国民，却秘密地、有时甚至公开地组织货真价实的民族专政。我们看到的不再是资产阶级专政，而是部落专政。部长、部委、大使、省长都出自领导人的部落，有时甚至直接出自他的家族。这种家族式体制似乎重现了古老的内婚制①法律，面对这种愚蠢、这种欺骗、这种智力上和精神上的不幸，我们感到的不是愤怒，而是羞愧。这些政府领导人是非洲真正的叛徒，因为他们把非洲出卖给最可怕的敌人：愚蠢。我们可以预料到，权力的部落化会导致地方主义、分离主义思想。地方分权倾向冒头，成为主流，国家解体、分裂。嚷嚷着“非洲统一”，却只考虑自己小家族利益的领导人，有一天看到另外五个部落也说要有自己的大使和部长，总算醒悟过来；可他依旧不负责任，依旧认识不清，依旧可悲可怜，他谴责这是“背叛”。

我们多次指出，领导人的角色常常是有害的。那是因为在某些地区，政党的组织形式如同强盗团伙一般，其中最强硬的人担任首领。我们会极为自然地讨论这个领导人的祖先和他的武力，毫不迟疑地以一种略带欣赏的同谋口吻，讲起领导人把自己身边亲近的合作者也吓得心惊胆战的故事。为了避免种种危险，必须顽强战斗，政党永远不能成为一个领导人手中服服帖帖的工具。领导人（leader）一词来自英语动词，意思是带领。现在已经不存在所谓带

① ［译注］内婚制（endogamie），始于旧石器时代中晚期的一种婚姻规例，指在一定血缘、等级、教派范围内选择配偶的婚姻形式，又称族内婚。

领人民的人了。人民不再是羊群，不再需要被带领。如果领导人带领我，我要他知道，与此同时，我也在带领他。国家不该是仅由一个大人物指挥的事业。我们由此明白，每当这些领导人中有人病倒时，周围人的恐慌从何而来。困扰他们的是接班问题。如果领导人去世，国家会变成什么样？其他人已经在这个领导人面前俯首称臣，他们变得不负责任，认识不清，整天就操心着他们的好日子、鸡尾酒会、公费旅游、投机取巧，他们不时地在国家的核心处发现精神的空虚。

一个国家若要真正回答历史提出的问题，若要真正发展城市与居民的头脑，就应该拥有一个真正的政党。政党不是政府手中的工具。恰恰相反，政党是人民手中的工具。人民决定政策，由政府来执行。政党不是，也绝对不应该沦为所有政府成员和达官贵人随便进出的政治局。遗憾的是，这个政治局常常组成了整个政党，成员总是驻扎在首都。在不发达国家，党员干部应该像逃避瘟疫一样离开首都。除了几个人以外，其他人都应常驻农村。我们应该避免把一切都集中在大城市里。任何行政命令都不应该成为党员干部驻扎首都的借口，与其他十分之九的领土相比，这个首都已经人满为患，被过度开发。政党应该尽可能地分散布局。这是激活那些死气沉沉的地区，让这些地区焕发生命力的唯一办法。

实际上，每个地区都至少要有一个政治局成员，但他不能担任地方长官。他不能掌控地方行政权力。地方政治局成员不必占据地方管理机构的最高位置。他不需要非得和权力机关合为一体。对人民而言，政党不是权力机关，而是用来行使自身权力、实现自身意愿的机构。权力的混乱和双重性越少，政党就越能起到引导作用，也越能够成为人民的关键性保障。如果政党和权力机关混为一谈，那么加入政党就成了谋取自身利益的捷径，例如在政府机关任职，加官晋爵，改换门庭，做出一番事业。

在不发达国家，安排有活力的地方领导干部，能够阻止城市畸形扩张的过程，以及农民群众纷纷涌入城市的现象。独立后，就应该马上在地方上安排有能力的领导干部，恢复地区的生机与活力，加速公民的意识觉醒，对于任何一个想要向前迈进的国家，这都是无法逃避的必要条件。否则，领导人周围会聚集起政党负责人和体制内的达官贵人。政府机构膨胀，不是因为自身发展和细化的需要，而是因为新来的领导亲戚、新加入的政党活动分子都在等待一个位置，希望渗透进国家机构。所有公民的梦想都是进入首都，找到一席容身之处。村庄逐渐荒废，农村群众没有领导，没有受过教育，孤立无援，只能抛弃收成不好的耕地，涌向周围的市镇，无限扩充流氓无产阶级的队伍。

这样一来，新的民族危机就为时不远了。但我们认为，内地应该得到特殊照顾。说得极端一些，将政府设在首都以外的地方也不会有任何妨碍。应该褪去首都的神圣光环，向贫苦大众说明，这一决定是出于对他们利益的考量。从某种意义上说，这是巴西政府想用巴西利亚来完成的任务。[①] 里约热内卢的骄傲自大对巴西人民来说是一种侮辱。但不幸的是，巴西利亚和里约热内卢一样，成了畸形的新首都。巴西迁都的唯一好处，是今天有了一条穿过稀树草原的公路。不，不管多么充分的理由，都不能反对选择一个新首都，把整个政府迁往最荒凉的地区。不发达国家的首都是一个从殖民时期继承下来的商业概念。在不发达国家里，我们应当多与农村群众接触。我们应当制定一个国家政策，首先考虑群众利益。我们绝不能失去与群众的接触，他们为了赢得自己的独立，为了明确改善自己的生存条件，进行了卓绝的斗争。

当地的公务员和技术员应该深入到人民中去，而不是把头埋在图表和数据里。他们不应该每次一听到自己被派

---

① [译注] 1960 年 4 月，巴西将首都从南部滨海城市里约热内卢（Rio de Janeiro）迁到位于中部高原的巴西利亚（Brasilia），一方面避免了政治中心和经济中心的重叠，另一方面也通过在稀树草原上发展科技兴农，发挥产业聚集效应，改变了南北发展不均衡的现象。

往“内地”，就沮丧生气。我们不应该看到，在不发达国家中，丈夫被分配到一个农村地区的岗位上，年轻的妻子就用离婚来威胁他们另找出路。因此，党的政治局应该首先照顾落后地区。首都的生活是不自然的、肤浅的，如同一只怪物贴在国家现实的表面。在根本和神圣的国家生活中，首都的生活应该占据尽可能少的位置。

在不发达国家，政党不应该仅仅满足于保持与群众的接触。政党应该直接表达群众的心声。政党不是负责传达政府指令的行政部门，而是群众有力的代言人和无法收买的保卫者。政党要实现这种构想，就必须首先摆脱那种极为西方、极为资产阶级立场的思想，即轻视群众，认为他们没有能力引领自身的发展。事实证明，群众完全能够理解最复杂的问题。阿尔及利亚的知识分子在阿尔及利亚革命中的最大收获，就是与群众接触，亲眼看到人民难以用言语形容的极端贫困，亲眼看到民智的开启、意识的进步。阿尔及利亚人民这些忍饥挨饿、目不识丁的群众，这些几个世纪以来生活在最令人惊恐的黑暗中的男男女女，他们顶住了飞机与坦克，顶住了凝固汽油弹和心理战，尤其顶住了腐蚀和洗脑，顶住了叛徒和贝卢尼[①]将军的“民

---

① ［译注］穆罕默德·贝卢尼（Mohammed Bellounis，1912—1958），阿尔及利亚民族运动活动家、阿尔及利亚人民民族军（ANPA）总司令。贝卢尼是梅萨利·哈吉的忠实信徒，与阿尔及利亚民族解放阵线针锋相对，其领导的阿尔及利亚人民民族军由法国政府资助并提供武器。贝卢尼后被法方抛弃，死于山中。

族”军。尽管人民的队伍中有软弱者、迟疑者、初露苗头的独裁者，他们还是顶住了。人民顶住了，因为七年的斗争为他们开辟了一些自己以前压根不知道的领域。今天，一些兵工厂在深山里地下好几米处运作，人民法庭在各级地方运作，地方计划委员会有组织地将大片土地进行分割，设计明天的阿尔及利亚。单独一个人可能难以理解问题，但一个集体、一个村庄能以令人难以置信的速度理解问题。的确，假如我们谨慎地使用只有法律或经济学学士才能听懂的语言，那很容易证明，群众应该被引领。但如果我们使用具体的语言，如果我们没有居心叵测地要把问题复杂化，以此摆脱人民的话，我们就会发现，群众能够听懂所有的区别、所有的诀窍。使用技术性语言，意味着我们决心把群众视作门外汉。这种语言几乎无法掩盖演讲者想要欺骗人民，将人民拒之门外的企图。把话说得晦涩难懂是一种伪装，其背后显现出更广泛的剥削意图，即想要同时剥夺人民的财产和人民的主权。如果我们想要人民听明白，解释清楚一切并不难。可如果我们认为自己不需要人民，认为人民反而有可能阻碍各式各样的私营公司和有限公司——其目的都是使人民变得更加贫困——的正常运转，那就没什么可讨论的了。

如果我们以为自己能够完美地领导国家，不需要人民的参与，如果我们以为只要人民在场，就会产生干扰，要么推迟进程，要么天生无意识地破坏进程，那就不容迟疑：必须把人民排除在外。然而倘若我们真的邀请人民来领导国家，我们会发现，他们没有推迟，反而加速了进程。在这场战争中，我们阿尔及利亚人有幸察觉到了某些事情的本质。在某些农村地区，革命的政治军事负责人面临的一些局面，确实需要彻底的解决方案。下面我们将讨论几个例子。

1956 到 1957 年间，法国殖民统治封锁了部分地区，严格限制这些地区的人员流动。农民无法自由进城，购买生活必需品。在这一时期，食品杂货商大发其财。茶叶、咖啡、糖、烟草、盐价格暴涨，黑市横行。农民没有足够的现金支付，便以自己的收成，甚至以自己的土地为抵押，或一块接一块地割让家产；到了第二阶段，他们就沦为了杂货商的佃农。政治特派员一意识到这种危险，就立刻作出反应。由此建立了一种合理的食品供应制度：杂货商进城时，必须在国营批发商那里进货，这些批发商会给他开具一张标有商品详细价格的发票；零售商回村时，必须首先向政治特派员报到，后者检查发票，规定利润空间和销售价格；定价表贴在店里，一个类似监督员的村民会在现场，向农民告知商品的应售价格。可零售商很快就找到了漏洞，三四天以后，他宣布库存售罄。私底下，他又开始在黑市非法出售存货。对此，政治军事当局的反应相当彻底。违法者受到重罚，没收的罚款纳入村委经费，或用于社会慈善，或用于民生工程。有时候，当局会决定将商店关停一段时间。如果店主再犯，商店资产会被立即查封，当局会选出一个管理委员会来经营商店，每月支付原业主一笔钱作为补偿。

从这些经验出发，我们用具体的事例向人民解释了经济法则的运作模式。资本积累不再停留在理论层面上，而是变成了十分真实和当下的行动。人民知道了如何从一家商店起家，变得富有，把生意做大。这时农民才开始诉说，这家杂货店给他们放高利贷；其他人则回想起店主是如何把他们从自己的土地上撵走的，以及他们是如何从土地所有者沦为劳工的。人民懂得越多，就越警惕，越发意识到一切取决于他们自己；只有团结一致，认清自己的利益，辨别自己的敌人，才能获得解放。人民终于明白，财富不是劳动的成果，而是有组织、有庇护的偷盗的结果。有钱人不再是值得敬仰的人，他们不过是躺在人民鲜血中的食肉兽，是豺狼和乌鸦。政治特派员进一步规定，没有人应该为别人劳作。土地属于耕种者。通过向人民讲解，这个原则成了阿尔及利亚革命内部的基本法则。雇佣农业劳工的农民，被迫把一部分土地还给他们过去的雇工。

于是我们发现，尽管法国人屡次进攻、空袭不断、肥料供应困难，但每公顷的产量依然翻了三倍。农民在收割作物时，能够亲自称重和估价，他们想要弄明白这个现象。他们很快发现，劳动不是一个简单的概念，奴隶制是劳动的反义词，劳动以自由、责任心和觉悟为前提。

在这些地区，我们顺利完成了这些可资借鉴的试验，见证了革命教育对人的构建作用。农民清楚地领会了这一原则：我们越清醒地投入劳动，就越能体会劳动的滋味。我们使群众明白，劳动不是一味地要力气，或动用部分肌肉，而是在付出力气和汗水的同时，进一步用脑和心去劳动。地区在获得解放的同时，被排斥在原商业流通渠道之外，我们的生产组织模式只能从过去的仅以城市和出口为输出对象，改成服务于人民和民族解放军的消费。我们将扁豆产量翻了四倍，组织大规模的木炭烧制。北方的蔬菜和煤炭翻山越岭来到南方，南方则往北方运送肉类。这是阿尔及利亚民族解放阵线决定的物资调配，此举也建成了交通网络。我们没有技术人员，没有来自西方高校的规划专家。但在解放区，每人每天的配给定量达到了前所未有的数据：3 200 卡路里。人民不满足于在试验中获胜。他们还提出了一些理论问题，例如：为什么有些地区在解放战争前从未见过橘子，我们却每年向外国出口几千吨橘子？为什么大多数阿尔及利亚人不知葡萄为何物，却提供了数百万串的葡萄去满足欧洲人的口腹之欲？今天，人民对属于自己的东西有了十分清楚的概念。今天，阿尔及利亚人民知道，自己是国家地上和地下资源的唯一主人。民族解放阵线态度强硬，无法容忍任何对国家财产所有权的践踏，坚决反对任何形式的原则妥协。如果有人还不清楚这一点，那就义正词严地告诉他们：今天的阿尔及利亚人民是成年的、负责的、自觉的人民。总之，阿尔及利亚人民是自己财产的主人。

之所以举阿尔及利亚的例子来阐明我们的意图，绝不是为了赞美我们的人民，而仅仅是为了指出人民的自觉意识在斗争中发挥的重要作用。很显然，其他人民通过不同的道路，也达到了同样的结果。在阿尔及利亚，我们今天已经更明确地意识到，武装斗争不可避免。但在其他地区，政党通过政治斗争和宣传运动，也引导人民达到了同样的结果。在阿尔及利亚，我们已经明白，群众能够解决他们遇到的问题。经验表明，不发达国家发展的关键，不在于三百个人的构思和决定，而在于全体人民——即便代价是花两倍、三倍的时间——在理解之后共同作出决定。实际上，用来解释的时间，使劳动者变得人性化的时间，并不会就此“浪费”，而会在执行过程中补回来。人民应该知道他们要去哪里，为什么要去。政治家应该明白，倘若人民的意识仍是初始的、浅薄的、昏暗的，那么未来仍将无路可走。我们非洲的政治家应该对人民的状况具备极为明晰的认知。但这种明晰必须是深刻辩证的。全体人民的觉醒不可能一蹴而就，他们在国家建设事业中的理性参与过程将是线性的：首先是因为传播的渠道和手段尚不发达；其次，应该具备世界的时间性，而不是以为瞬间或第二次就能成功；最后，气馁被殖民统治深深地植入人民脑中，总是会轻易浮现出来。但我们应该知道，战胜无论多小的阻力——这是国家在物质上和精神上被统治后的遗留——是任何一个政府都无法回避的必要条件。以殖民体制中的劳动为例，殖民者曾不断宣称，土著迟钝缓慢。今天在某些独立国家，我们听到有干部重拾了这一论断。可实际上，殖民者想要奴隶卖命苦干。他们通过某种欺骗的话术，使奴隶相信他们耕种的土地是属于自己的，他们为之透支健康的矿井是他们自己的产业，这显然是最卓绝的异化手段。殖民者奇特地忘记了，正是靠奴隶拼死干活，他们才变得富有。殖民者对被殖民者说："累垮吧，让我变得富有。"今天，我们得以不同的方式行事。我们不能对人民说："累垮吧，让国家变得富有。"如果我们想增加国家收入，减少进口某些无用的，甚至有害的产品，增加农业产量，扫除文盲，我们就必须解释清楚。人民必须明白这一挑战的重要性。公共事务应该是人民的事务。因此，必须在基层增加支部。我们常常满足于在顶层设立一些国家机构，而且总是设在首都：妇女联盟、青年联盟、工会，等等。但如果我们想起来，到首都的办公室后面去看一看，如果我们来到存放档案的后厅，我们会惊讶地发现，那里空无一人，一片虚无，那些组织都是在虚张声势。必须有一个基层，以及各个提供确切内容、带来活力的支部。群众应该能够聚会讨论，提出意见，接受教育。公民应该能够表达心声，发挥创意，畅所欲言。支部会议和委员会议好比做礼拜，赋予人民听和说的绝佳机会。每次会议，头脑都会增加思想联通的路径，眼睛都会发现越来越人性化的场景。

在不发达国家人口中占很大比例的青年，对政府提出了特殊的问题，清楚地回答这些问题至关紧要。城市青年往往不识字，整天无所事事，深受各种堕落经验的影响。不发达国家的青年常常享有工业化国家的娱乐。通常，社会成员的精神和物质水平与该社会提供的娱乐之间应该具有同质性。然而，不发达国家的青年却享有为资本主义国家的青年设计的娱乐：侦探小说、老虎机、淫秽照片、色情小说、十六禁电影，尤其是酒……在西方，劳动群众的家庭条件、受教育程度、生活水平相对较高，能够在某种程度上抵御这些娱乐方式的流毒。但在非洲国家，智力发展水平不均衡，两个世界的激烈碰撞大大动摇了旧传统的根基，使人们的认知世界分崩离析，非洲青年的情感性与敏感性都受西方文化中不同腐蚀物的支配。他们的家庭往往不具备足够的稳定性和同质性，来对抗这些暴力。

在这个领域，政府应该充当过滤器和稳定器。不发达国家的青年工作专员常犯一个错。他们以发达国家中青年工作专员的方式来设计自己的角色。他们说要强身固魂，鼓励青年展示自己的运动才能。但在我们看来，他们应当避免这种观念。不发达国家的青年常常游手好闲，首先必须让他们有事干。因此青年工作专员在制度上应该隶属劳动部。劳动部在不发达国家是不可或缺的，应该与另一个不可或缺的部门——规划部——紧密合作，共同发挥作用。我们不应该鼓励非洲青年走向体育场，而是应该走进田间，走进学校。体育场不应该是设在城市里的展示场所，而应该是某种空间，位于我们开垦、耕作、献给国家的土地上。资本主义国家的体育概念和不发达国家应有的体育概念有天壤之别。非洲政治家不应该操心培养运动员，而应该致力于培养有觉悟的人，而后者恰好是运动员。如果体育没有被纳入国家生活，即国家建设，如果我们一味培养国家运动员，而不是有觉悟的人，那么我们很快就会看到，体育被职业化和商业化腐蚀。体育不该是城市资产阶级为自己提供的娱乐和消遣。我们最重要的任务，是时刻了解国家正在发生什么。我们不应该一心培养有天赋者，寻找英雄——领袖的另一种形式。我们应当提升人民的思想，开拓他们的视野，充实他们的头脑，对他们加以区分，使他们变得更人性化。

我们要再谈一谈萦绕在脑海里的念头，这个我们希望全体非洲政治家共同持有的念头，即必须突出人民的贡献，使人民的劳动走出历史的昏暗，熠熠生辉。在不发达国家做领头人，就要知道一切取决于对群众的教育，取决于他们思想的提升，取决于我们急吼吼地称之为政治化的运动。

我们常常带着一种罪恶的轻率，以为使群众政治化，就是时不时地向他们发表一场大型政治演说。我们以为，只要首脑或领导人以一种教训人的口气谈起重大时事，就能够完成使群众政治化这一紧迫的任务。然而使群众政治化，是指开放思想、启迪思想、催生思想。正如塞泽尔所言，是“创造灵魂”。使群众政治化，不是，也不能是发表一场政治演说，而应该是殚精竭虑地使群众明白，一切取决于他们。如果我们停滞，那是他们的责任，如果我们前进，那也是他们的责任；没有造物主，没有承担起一切的伟人，归根结底，造物主就是人民，有魔力的手就是人民的手。为了实现这些目标，真正体现这些目标，我们再一次重复，必须尽可能地分散布局。自上而下和自下而上的思想流通是一条不可动摇的原则，不是出于形式主义的考虑，完全是因为遵守这条原则是解放的保证。力量来自基层，赋予上层活力，使其辩证地实现新的飞跃。我们阿尔及利亚人再一次很快理解了这些事，因为没有任何一个上层领导会夸耀自己身负随便哪个解放使命。在阿尔及利亚，是基层在战斗，而且基层也知道，没有他们每天英勇艰巨的战斗，上层就无法坚持。同样基层也知道，如果没有上层或领导层，基层就会支离破碎，处于无政府状态。只有基层人民进行斗争，上层才能获得存在的价值和稳定性。严格意义上说，是人民选择为自己配备一个上层，而不是上层在容许人民参与斗争。

群众应该知道，政府和政党是为他们服务的。自尊的人民——即意识到自身尊严的人民——绝不会忘记这些显而易见的事实。在殖民占领时期，人民被告知，要想获得尊严，就要献出自己的生命。但非洲人民很快就明白，他们不是只有通过占领者的承认才能获得尊严。非洲人民很快就明白，尊严和主权之间完全可以画等号。自尊和自由的人民其实就是掌握主权的人民。自尊的人民就是负责任的人民。“指出”非洲人民幼稚或低能，这种手段已经不起作用了。一个政府和一个政党拥有配得上自己的人民。而迟早，人民会有配得上自己的政府。

某些地区的具体经验证实了这些观点。开会时遇到难题，战士有时会用惯用语“只要我们……”。这种一厢情愿式的走捷径方法常常会取得胜利，但其中包含的不假思索、简单化的学说混合、非理性的构想已经达到危险的顶点。每当我们看到一个战士这样放弃责任时，对他说“你错了”是不够的。必须让他负起责任来，要求他把推论说清楚，让他明白“只要我们……”这种话的本质通常是残酷非人的，并且归根结底，是毫无效果的。不管是领导人还是战士，谁也不会独占真理。在地方上，追求真理是一项集体事业。有些人拥有更丰富的经验，能更快地确定他们的想法，在过去曾建立更多的精神联系。但他们应该避免剥夺人民的发言权，因为被采纳的决定能否成功，取决于全体人民协调和自觉地参与，没有人能独善其身。所有人都可能受拷打，被杀害；而在国家独立之后，所有人都可能挨饿，经历萧条。集体战斗以基层的集体责任和上层的集体责任为前提。是的，我们要让所有人都参与到共同解放的战斗中来。没有干净的手，没有无辜者，没有旁观者。所有人都在我们土地的沼泽中，在我们头脑的可怕空洞中弄脏双手。所有旁观者都是胆小鬼或叛徒。

领导层的责任是使群众与他们站在一起。然而，这种拥护意味着使群众对自己要完成的使命有所领悟和理解，简而言之，是一种堪堪处于萌芽状态的理智化行动。我们不应该迷惑群众，任其挣扎在感情与混乱之中。只有由人民中涌现出的革命精英领导的不发达国家，今天才能使人民走上历史舞台。但我们再一次强调，必须毅然决然地反对民族资产阶级、特权阶级的出现。使群众政治化，就是使每个公民都意识到国家的整体现实，就是把国家的经验变成每个公民的经验。正如几内亚总统塞古·杜尔[①]在写给第二届非洲作家大会的贺函中所言：“在思想领域，人可以自称是世界的大脑，但从一切行动都会影响肉体和精神存在的具体生活层面来看，世界始终是人的大脑。因为正是在这个层面上，汇集了能力和思考单位的总和、发展和改进的动态力量；也是在这个层面上，各种能量融合，最终体现了人类全部的智力价值。”个人的经验也是国家的经验，是国家存在的一环，因此这不再是个人的、局限的、狭隘的经验，而是能通往国家和世界的真理。正如在斗争阶段，每个战士都紧握国家不放一样，在国家建设阶段，每个公民也应该继续在每天的具体活动中参与国家的整体建设，继续体现国家辩证的真理，继续期望全人类在此时此地的胜利。如果造一座桥，无法增进造桥者的觉悟，那不如不造这座桥，让公民继续游泳或乘船过河。桥不应该是从天而降的，不应该由一名突然出现的“救星”强安在社会景观之中，相反，桥应该出自公民自身的力量与智慧。当然，他们也许需要工程师和建筑师的帮助，这些人有时全是外国人，但当地政党负责人必须到场，确保技术钻进公民枯涸的头脑，确保他们掌握了桥的细节和整体，甚至能够设计和建造一座新桥。公民必须拥有这座

---

① ［译注］艾哈迈德·塞古·杜尔（Ahmed Sékou Touré，1922—1984），几内亚国父，非洲民族解放运动先驱，1958—1984 年间任几内亚第一共和国总统兼武装部队总司令，是非洲统一组织的主要发起人。

桥。只有这样，未来才有一切可能。

一个政府倘若宣称自己是全国性的，就应该负责全国的协调统一。在不发达国家，青年是重中之重。必须提升青年的觉悟，启发他们。国家军队就是由这些青年组成的。如果我们能对青年解释清楚，如果国家青年联盟能够完成把青年纳入国家的任务，我们就可以避免那些拉丁美洲共和国犯过的错。那些错误以国家前途为赌注，甚至在国家的未来之路上埋下了不定时炸弹。军队从来不是战争的学校，而是培养公民责任感的学校，培养政治觉悟的学校。一个成熟国家的士兵不是雇佣兵，而是拿起武器保卫祖国的公民。因此，关键在于士兵知道自己是为国家服务，而不是为一个不管多么有威望的军官服务。我们应当利用平民和军人为国家服务的机会，提升民族意识水平，使国家非部落化，得以统一。在不发达国家，我们努力尽可能迅速地动员所有男女。不发达国家要警惕重男轻女的封建礼教延续下去。女性和男性享有同等地位，不仅仅是宪法条文的规定，也应该体现在日常生活中，体现在工厂、学校、集会中。西方国家让军人住在军营里，并不意味着这就是最好的方式。我们不必坚持将新兵编入军队。服役可以是在军队里，也可以是在军队外。无论如何，最好是每个体魄强健的公民都能随时编入一个战斗单位，保卫国家和社会的财产。

事关集体利益的大型工程，应该由新兵来完成。这是激发落后地区的活力，使更多公民认识到国家现实的绝佳方法。应当避免军队变成一个自治团体，否则，没有任务而无所事事的军队最终会开始“搞政治”，威胁政权。将军整日空谈，由于不停出入权力机构的会客室，开始梦想搞军事政变。唯一能避免此类情况发生的办法，是使军队政治化，也就是说，使军队国家化。增加民兵数量同样是当务之急。一旦发生战争，国家应该全民战斗或全民工作。不应该有职业兵，职业军官的数量也应该削减到最少。首先是因为军官通常是从大学毕业生中挑选出来的，他们在别的领域可能要有用得多：对一个国家来说，一个工程师要比一个军官更加不可或缺。其次是因为我们要避免等级思想的形成。我们在前文中提到，民族主义的美妙赞歌使群众团结在一起，反抗压迫者，但这首赞歌在独立后不久就消散了。民族主义不是什么政治学说，也不是什么纲领。如果我们要真正避免国家倒退、停滞、断裂，就应该迅速地从民族意识过渡到政治和社会意识。如果没有革命领导制定纲领，没有群众清楚又热情地执行纲领，那么国家就无处可寻。我们要始终把国家的努力置于不发达国家的总体框架中。无论男女，我们的头脑和肌肉应该结成反抗饥饿、黑暗、贫穷的阵线，应该结成初步的意识阵线。群众的工作和他们战胜灾祸的意志——几个世纪以来，正是这些灾祸把群众排除在人类思想史之外——应该与所有不发达国家人民的工作和意志连接在一起。第三世界人民感兴趣的，不是关于比利时的博杜安[①]国王结婚或意大利资产阶级丑闻之类的消息。我们想知道的，是阿根廷人或缅甸人在扫盲斗争中取得的经验，或领导人的独裁倾向。这些要素加强我们，教育我们，使我们效率倍增。正如我们所见，政府如果真正要在政治上和社会上解放人民，就必须有一个纲领。除了经济纲领之外，还要有关于财富分配与社会关系的学说。事实上，必须有一个关于人的概念，一个关于人类未来的概念。任何蛊惑人心的说法，任何与前占领者的共谋，都无法代替纲领。人民起初没有判断力，不久就越来越清醒，强烈要求这样一个纲领。非洲人民、不发达国家的人民，不同于我们以往的认知，很快就树立起政治觉悟和社会觉悟。但他们往往在国家阶段之前就实现了社会觉悟，这可能会造成严重的问题。我们发现，不发达国家对社会公正的强烈需求，反常地与常处于原始状态的部落制结合在一起。不发达国家的人民，其行为举止就像挨饿者。这意味着，对那些在非洲吃喝玩乐的人来说，他们的日子已经屈指可数了。我们想说的是，他们的权力不可能无限期延续。资产阶级把民族

① ［译注］博杜安一世（Baudouin，1930—1993），比利时王国第五任国王（1951—1993），利奥波德三世长子。1959 年 12 月他到比属刚果考察，1960 年 6 月在利奥波德维尔宣布允许刚果独立，12 月与西班牙女贵族法比奥拉·德·莫拉-阿拉贡结婚。

主义当作唯一的粮食喂给群众，不履行自己的使命，就必然会陷入一系列的不幸遭遇。如果我们不对民族主义的概念加以阐明、丰富和深入，如果民族主义没有迅速转变成政治和社会觉悟，转变成人道主义，民族主义就会走入死胡同。不发达国家的资产阶级领导层把民族意识禁锢在枯燥无味的形式主义中。男性和女性只有投身于大量明确又丰富的任务中，才能赋予民族意识以内容和密度。那时，国旗和国会大厦不再是国家的象征。国家离开这些金碧辉煌、虚假做作的地方，逃到农村，重获生命力与活力。国家的生动表达，就是全体人民行动起来的自觉，是男男女女凝聚在一起的明确实践。集体建构一个命运，就是在历史层面担负起责任。否则的话，就会出现无政府状态、镇压、部落化的政党、联邦主义，等等。国家政府如果想要真正是国家的，就必须由人民来统治，为了人民统治，由穷苦大众统治，为了穷苦大众统治。无论多么杰出的领导人，都不能代替人民的意志。国家政府应该在操心自己的国际声誉之前，恢复每个公民的尊严，充实他们的头脑，使他们的双眼充满人性的光芒，为有觉悟、有主权的人描画出人道的景象。

第四章　关于民族文化

仅仅谱写一首革命战歌来参加非洲革命是不够的，必须与人民一起革命。和人民在一起，赞歌就会自然而然出现。

要使行动真实，自己就必须是非洲及其思想的活跃成分，必须成为所有为了非洲的解放、进步和幸福而被动员起来的人民力量的一分子。在这场唯一的战斗之外，没有别的位置留给艺术家或知识分子，他们必须与人民一起，被完全动员起来，投身到这场解放非洲与受苦者的伟大战斗中来。

——塞古·杜尔①

每一代人都必须在相对的昏暗中发现自己的使命，要么完成使命，要么背叛使命。在不发达国家，先辈曾抵制

① 《作为一种文化代表的政治领袖》(*Le leader politique considéré comme le représentant d'une culture*)，在第二届黑人作家与艺术家大会上的报告，罗马，1959年。

殖民主义的不断腐蚀，同时为当前斗争的成熟做准备。既然我们现在处于战斗的中心，就必须改掉一些老习惯，例如刻意贬低父辈行动的重要性，或佯装不理解他们为何沉默或消极。尽管他们的斗争没有在国际舞台上引起反响，但他们曾挥舞当时自己拥有的武器，竭尽全力战斗。必须从完全不同的国际形势来理解个中原因，而不是一味指责他们缺乏英雄气概。正因为不止一个被殖民者说“不能再这样继续下去了”，不止一个部落起来反抗，不止一场农民起义被平抑，不止一场示威活动被镇压，我们今天才能带着对胜利的信念，坚持抵抗。

我们决心毁掉殖民主义的前路，我们的历史使命是组织一切反抗、一切绝望的行动、一切以流血告终的尝试。

我们在这一章要分析的问题至关重要：民族诉求的正当性。必须承认的是，政党动员人民，却几乎不关心正当性问题。政党从现实出发，以现实的名义，以影响所有男女当下和未来的现实的名义，号召人民行动起来。政党用动人的语言大谈民族，但它真正的目的，是让人民听完它的演说后意识到，即便人民仅仅想要生存，也必须参加战斗。

今天我们已经知道，在民族斗争的第一阶段，殖民主义试图通过经济主义①来安抚民族诉求。人民一开始提出诉求，殖民主义就做出一副谦逊的样子，装模作样表示理解，承认殖民地处于严重不发达状态，需要大量的经济和社会改革。

有时，殖民主义会采用某些引人注目的措施，例如在各处为失业人员开放一些工地，使民族意识的凝结延迟好几年。但殖民主义迟早会发现，它不可能实现一个社会经济改革计划，来满足被殖民群众的渴望。甚至在填饱肚子方面，殖民主义也证实了自身的天生无能。殖民国家很快意识到，想要在纯粹的经济领域解除民族政党的武装，无异于在殖民地做它不愿意在自己国家做的事。今天，卡地亚主义②学说的盛行并非偶然。

醒悟了的卡地亚不无苦涩地看到，法国固执地抓住那些它必须养活的人不放，而与此同时，那么多法国人却生活拮据，这充分说明，殖民主义是不可能转型为大公无私的援助计划的。因此我们再一次呼吁，不要浪费时间，说一些宁可

① ［译注］经济主义（économisme），19 世纪末 20 世纪初在俄国出现的一种机会主义思潮，认为经济斗争对无产阶级的发展和解放有首要意义，主张工人阶级为眼前的经济利益斗争，由资产阶级进行政治斗争。

② ［译注］卡地亚主义（cartiérisme），20 世纪五六十年代在法国盛行的一种思想，认为殖民地不值得宗主国花费巨资维护，不如将经费用于宗主国自身的发展。首倡者为《巴黎画报》的记者雷蒙·卡地亚（Raymond Cartier，1904—1975）。

站着挨饿也不要跪着乞讨的空话。相反，我们应该坚信，殖民主义给被殖民的人民带来的物质条件，不可能让他们遗忘自身的尊严问题。一旦殖民主义明白它的社会改革策略会将自己带向何方时，它就会恢复过去的反应：加强警力，急调军队，建立一个更符合自己利益和心理的恐怖制度。

在政党内部，被殖民的文化人往往与政党并肩而立。这些人要求承认一种民族文化，肯定这种文化存在的意义，这是他们的专属战场。政治家在现实中记录他们的行动，文化人则在历史框架中定位他们的行动。殖民主义理论认为，非洲在前殖民时期处于未开化状态，被殖民的知识分子对此予以猛烈回击，殖民主义却意兴阑珊。尤其是因为被殖民的青年知识分子提出的观点，宗主国专家大多已经公开发表过，殖民主义更是懒得回应。的确，数十年来，我们常常看到许多欧洲的研究者在整体上为非洲文明、墨西哥文明或秘鲁文明正名。因此，看到被殖民的知识分子狂热地捍卫民族文化的存在，他们感到惊讶。但谴责这种狂热过于极端的人，却奇特地忘记了他们的心理、他们的自我正舒适地躲在法国文化或德国文化背后，他们的文化久经考验，无人置疑。

我承认，在生活方面，历史上存在过阿兹特克文明[①]的

---

① ［译注］阿兹特克文明（aztèque），14 世纪初由墨西哥古代阿兹特克人创造的印第安文明，主要分布在墨西哥中部和南部，与玛雅文明和印加文明并称为中南美洲古代三大文明。1521 年，阿兹特克人的全部领土被西班牙人占领，阿兹特克文明就此消亡。

事实，并不会为今天墨西哥农民的饮食制度带来多少改变。我也承认，所有能证明令人惊叹的桑海文明[①]存在的史料，都无法改变今天桑海子民的现状：他们营养不良、目不识丁、天地无依、头脑空空、双目茫然。但我们曾多次强调，这种对前殖民时期民族文化的狂热探寻，使被殖民的知识分子在西方文化面前能够后退一步，避免沉沦其中。因为被殖民的知识分子意识到，他们正在迷失自我，而对他们的人民来说，他们已经迷失了，于是这些人满腔愤慨、怒火中烧，努力要找回他们的人民距离殖民时代最远、最古老的活力。

更进一步说，知识分子维持或至少倾向这种狂热和愤怒，也许是暗中期望，在现今的贫困、自我鄙夷、放弃和否认之外，会发现一个十分美好、十分辉煌的时代，使他们面对自己、面对他人时，能够重获尊严。我说了我决定更进一步。由于被殖民的知识分子无法爱上他们的人民受压迫的当今历史，无法赞叹自己现在的野蛮状态，于是他们无意识地走得更远，去往历史的更深处；不用怀疑，当他们发现过去的历史带给他们的不但不是耻辱，反而是尊严、光荣和隆重时，他们欣喜若狂。对过去民族文化的追

① ［译注］桑海文明（civilisation songhaï），指桑海帝国文明。桑海帝国是继加纳帝国和马里帝国之后，西非萨赫勒地区最后一个黑人土著大帝国，15 至 16 世纪达到鼎盛，势力范围几与欧洲相当，代表古代非洲黑人文明的巅峰。

寻，不仅能够使自己重获尊严，也不仅能够为未来的民族文化正名，而且在情感心理平衡层面，还能诱发被殖民者产生至关重要的变化。我们也许没能充分指出，殖民主义不满足于将它的法律强加于被统治国家的现在和未来，也不满足于将人民禁锢在它的网中，清除被殖民者头脑中的一切形式和内容。殖民主义通过一种逻辑上的倒错，扭曲、破坏、抹杀被压迫人民的过去。这种贬低殖民化之前历史的举动，在今天具有辩证意义。

殖民地文化的异化是殖民时代的典型特征，当我们仔细思考来龙去脉时，会明白一切并非偶然，殖民统治追求的整体效果就是说服土著，殖民主义要救他们于水火。殖民主义继续有意识地将一个想法灌输进土著的头脑：一旦殖民者离开，他们就会重返野蛮、堕落、兽性。在潜意识方面，殖民主义并不打算把自己塑造成一个温柔亲切的母亲，保护孩子免遭周围邪恶环境的伤害，而打算扮演一个不断阻止罪大恶极的孩子自杀、阻止他发泄凶残本能的母亲角色。殖民主义母亲声称要保护孩子，以免他遭到他自己、他的自我、他的生理学、他的生物学、他的不幸本体论的伤害。

在这种情况下，被殖民的知识分子提出的诉求并不过分，而是合乎纲领需要的。被殖民的知识分子将其战斗置于正当性层面，他们想要提供证据，愿意把自己脱得精光，用身体来展示民族的历史，这一举动，使他们注定深入人民的脏腑。

这种深入并不局限于特定民族。被殖民的知识分子决定与殖民主义的谎言开战，他们把战线扩大到整片大陆。过去的历史受到重视。文化源自过去，要充分挖掘文化的全部光辉，就不能局限于自己的国家。殖民主义从未对非洲进行细分，只是不停声称黑人是野蛮人，这里的黑人不是指安哥拉人或尼日利亚人，指的是全体黑人。对殖民主义而言，这片广袤的大陆是野蛮人的巢穴，迷信和狂热崇拜危害四方，这里注定受人蔑视，受上帝诅咒，这是个吃人肉的地方，是黑人的国度。殖民主义谴责的对象是整片大陆。殖民主义断言，前殖民时代最大的特征就是人性的黑夜，它指的是整片非洲大陆。被殖民者为了重获尊严，躲避殖民主义的中伤，也陷入了和殖民主义同样的逻辑。被殖民的知识分子在西方文化的道路上已经走得太远，现在他们带头宣称一种文化的存在，却从不具体指出这是安哥拉文化或达荷美文化。他们主张的文化是非洲文化。黑人自被白人统治以来，从未变得如此黑过；黑人决定证明自身文化的存在，证明自己是文化的产物；他们发现历史为他们划定了一个明确的地界，给他们指出了一条明确的道路：他们必须证明一种黑人文化的存在。

的确，从始至终，欧洲人应该对这种思想的种族主义化负责，或至少对这种思想的方法论负责，他们始终以白人文化为参考，来对照其他文化，显然，其他文化都是不够格的。殖民主义不认为自己需要浪费时间，去逐个否认不同民族的文化。因此，被殖民者一上来，就以整片大陆的名义进行回应。在非洲，近二十年来的被殖民文学不是民族文学，而是黑人文学。面对白人对人性的侮辱，诸如"黑人性"① 这样的概念，如果不是逻辑上的，至少也是情感上的反命题。在某些领域，反抗白人蔑视的"黑人性"是唯一能够打破禁忌与不幸的武器。几内亚或肯尼亚的知识分子首当其冲，面临统治者的全面排斥和诸说混合的蔑视，因此他们的反应是自我欣赏和自我歌颂。在无条件地肯定欧洲文化之后，是无条件地肯定非洲文化。大体而言，"黑人性"的歌颂者把年老的欧洲和年轻的非洲、令人厌烦的说理和诗歌、令人窒息的逻辑和欢快的本性放在一起对照；一头是呆板、客套、礼仪、怀疑论，另一头是

---

① ［译注］"黑人性"（négritude），"黑人性"运动兴起于20世纪30年代初，旨在恢复黑人价值，追求黑人的共同权益。在"黑人性"作家看来，黑人民族传统生活的根本特征就是"集体主义"，这是全非洲黑人精诚团结的象征。"黑人性"运动集中了许多非洲与加勒比海地区年轻的法语作家，如塞内加尔的桑戈尔、圭亚那的达马（Léon Gontran Damas）和马提尼克的塞泽尔等。1934年，塞泽尔在巴黎创办刊物《黑人大学生》（*L'étudiant noir*），在所发表的第一期也是最后一期杂志上首先提出"黑人性"这一法语新词，后又用在长诗《还乡笔记》（*Cahier d'un retour au pays natal*，1939）中。其后，桑戈尔将"黑人性"定义为"黑人世界的文化价值的总和，正如这些价值在黑人的作品、制度、生活中表现的那样"。塞泽尔则认为"这个单词首先意味着拒绝，拒绝文化同化，拒绝某种平静的、无法构建文明的黑人形象"。

淳朴、活跃、自由，甚至可以说是华丽，但同时还有不负责任。

“黑人性”的歌颂者毫不迟疑地跨越大洲的边界。在美洲，黑人的声音以更大的规模唱起这首赞歌。“黑人世界”即将诞生。加纳的布西亚①、塞内加尔的比拉戈·迪奥普②、苏丹的昂巴代·巴③、芝加哥的圣克莱尔·德雷克④都毫不犹豫地确认，彼此之间有共同的联系，能够结成同一力量战线。

这里同样可以提一提阿拉伯世界的例子。我们知道，大部分阿拉伯国家都曾遭受殖民统治。在这些地区，殖民主义也曾经不遗余力地把一个想法灌输进土著的头脑，即他们殖民化之前的历史是野蛮的历史。与民族解放斗争一道兴起的，还有名为伊斯兰文化觉醒的文化现象。现代阿

---

① ［译注］科菲·阿布雷法·布西亚（Kofi Abrefa Busia，1914—1978），加纳政治家、社会学家。恩克鲁玛时代结束以后，布西亚成为加纳第二共和国（1969 年 10 月 1 日成立）总理。布西亚政府把农村发展作为首要任务，但在社会和经济问题上饱受指责，于 1972 年被军事政变推翻。

② ［译注］比拉戈·迪奥普（Birago Diop，1906—1989），塞内加尔诗人、民间故事搜集者，整理创作了《阿玛杜·库鲁玛故事集》（*Contes d'Amadou Koumba*，1946）、《新阿玛杜·库鲁玛故事集》（*Nouveaux Contes d'Amadou Koumba*，1958）、《新民间故事集》(*Contes et Lavanes*，1963）等。

③ ［译注］阿玛杜·昂巴代·巴（Amadou Hampaté Ba，1900—1991），马里作家、历史学家、口头文学专家，著有小说《旺格里的奇妙命运》（*L'étrange destin de Wangrin*，1973）等，在联合国教科文组织任职时曾发表过有关非洲口头文学传统的名言：“在非洲，每当一个老人死去，就是一座图书馆被烧毁。”

④ ［译注］圣克莱尔·德雷克（Saint-Clair Drake，1911—1990），美国人类学家、社会学家，斯坦福大学非洲及非裔美国人研究专业创始人。

拉伯作家热情高涨，用阿拉伯历史中的伟大篇章不断提醒他们的人民，作为对占领者谎言的回击。阿拉伯文学史上的杰出人物被一一记录在册，就像我们歌颂非洲文明一般，他们以同样的激情和活力，挥舞着阿拉伯文明的大旗。阿拉伯领导人试图再现 12 至 14 世纪伊斯兰教发展的鼎盛时期。

今天，在政治上，阿拉伯联盟明确了继承过去的遗产，并使之发扬光大的意志。今天，阿拉伯医生和诗人跨越边境互相交流，试图创建一种新的阿拉伯文化、一种新的阿拉伯文明。这些人以阿拉伯文化的名义聚集在一起，以此为出发点进行思考。然而在阿拉伯世界，即便在殖民统治下，民族情感也保留了一种在非洲见不到的勃勃生机。因此，在阿拉伯联盟内部，单个成员无法即刻实现与所有成员的情感相通。相反，每个成员都试图歌颂自己民族的成就。非洲世界的特征是彼此不加区分，阿拉伯人摆脱了这一文化现象，但对外并不总是会遗忘自己的共同身份。文化的实际经验不是民族的，而是阿拉伯的。问题不在于确保一种民族文化，也不在于掌控民族运动，而在于面对占领者的整体指责时，担负起一种阿拉伯文化或一种非洲文化。无论是非洲还是阿拉伯世界，殖民地文化人的诉求都混合了各种思想，以整片大陆的名义进行，或者对阿拉伯人来说，以阿拉伯世界的名义进行。

非洲文化人背负的这种历史职责——使自己的诉求种族化，对外更多使用非洲文化而非民族文化的名义——将把他们带入死胡同。以非洲文化协会①为例。协会是由一些非洲知识分子创办的，他们希望相互认识，交换各自的经验和研究心得。协会的目的是肯定非洲文化的存在，在特定民族的框架内梳理这种文化，展示每个民族文化的内在活力。这个协会同时还回应了另一个诉求：与欧洲文化协会并肩而立，后者有演变为全球文化协会的危险趋势。说到底，协会之所以作此决定，是想要带着所有武器，带着从非洲大陆母体脏腑中涌现出的文化，出席全球文化会晤。但我们很快就发现，协会无力承担上述诸多任务，而仅限于组织橱窗展览式的活动：向欧洲人表明非洲文化切实存在，对阵自恋又爱炫耀的欧洲人，这也是协会成员的一贯态度。我们已经指出，这种态度是正常的，因为要反对西方文化人散播的谎言而获得存在的合理性。但随着"黑人性"理念的发展，该协会的目标日益降级。非洲文化协会即将变成黑人世界的文化协会，纳入海外黑人侨民，即散居在美洲大陆上的数千万黑人。

在美国、中美洲或拉丁美洲的黑人，的确需要一个赖

---

① ［译注］非洲文化协会（SAC，Société africaine de culture），创办于 1956 年，旨在推广非洲文化，2006 年更名为"非洲文化共同体"（CAC，Communauté africaine de culture）。

以为本的文化母体。他们面对的问题与非洲人面对的问题在本质上没有什么不同。对他们而言，美洲白人的行事与那些统治非洲的白人的行事几乎没有区别。白人习惯于将所有黑人不分好坏混为一谈。1956 年在巴黎召开的非洲文化协会第一次代表大会上，美国黑人本能地和他们的非洲同胞从同样的角度思考问题。非洲文化人在谈及非洲文明时，给予从前的奴隶一个合理的身份。但渐渐地，美国黑人意识到，他们的生存问题与非洲黑人遇到的生存问题并不一致。芝加哥的黑人与尼日利亚人和坦噶尼喀①人，只有在相对白人进行自我定义时，才能找到相似之处：他们都是黑人。但最初的对峙过后，主观情感冷却下来，美国黑人意识到，客观问题在本质上是不同的。美国黑人和白人为了削弱种族歧视而发起的自由乘车运动②，在原则和目标方面，与安哥拉人民反对万恶的葡萄牙殖民主义的英勇斗争几乎毫无关联。因此，在非洲文化协会第二次代表大会期间，美国黑人就决定创立一个美国黑人文化协会。

① ［译注］坦噶尼喀（Tanganyika），坦桑尼亚的大陆部分，在非洲东部，濒印度洋，原为英国殖民地。1960 年，尼雷尔（Julius Kambarage Nyerere，1922—1999）带领坦噶尼喀非洲民族联盟在大选中获胜，成为总理。经过与英国当局谈判，1961 年，坦噶尼喀独立。1964 年桑给巴尔（Zanzibar）革命后，桑给巴尔与坦噶尼喀统一，成立坦桑尼亚。

② ［译注］美国民权活动家从 1961 年开始发起的运动，号召人们乘坐跨州巴士前往种族隔离现象严重的美国南部，以检验美国最高法院对波因顿诉弗吉尼亚案（1960）和艾琳·摩尔根诉弗吉尼亚州案（1946）判决的落实情况。

由此，在赋予人历史意义的现象中，“黑人性”遇到了自身的第一个局限。黑人文化、非洲黑人文化被分割成块，因为意图表现该文化的人意识到，所有文化首先是民族的，使理查德·赖特①和兰斯敦·休斯②保持警惕的问题，与桑戈尔或乔莫·肯雅塔可能面临的问题迥然相异。同样，某些阿拉伯国家曾迫不及待地唱响阿拉伯复兴的动人歌曲，它们也应该意识到自己的地理位置、地区经济的相互依赖，比它们想要复活的过去更重要。今天，我们看到一些阿拉伯国家与一些地中海文化团体有机结合在一起。今天，阿拉伯帝国扩张时期的伟大商路已经不复存在，这些国家屈服于现代压力，屈服于贸易往来的新需要。另一个特殊的原因是某些阿拉伯国家的政体不尽相同，彼此陌生，以至于这些国家间的文化交流都显得毫无意义。

因此，在殖民地国家提出文化问题，有时可能导致非常严重的模棱两可。殖民主义宣称黑人没有文化、阿拉伯人天生野蛮，这必然会导致对文化现象的颂扬，这些文化现象不是民族层面的，而是大陆层面的，甚至被奇特地种

---

① [译注] 理查德·赖特（Richard Wright，1908—1960），美国非裔小说家、评论家，代表作有《土生子》（*Native Son*，1940）、《黑孩子》（*Black Boy*，1945）等。

② [译注] 兰斯敦·休斯（Langston Hughes，1902—1967），“哈莱姆文艺复兴”领袖，以诗歌著称，被称为“黑人民族的桂冠诗人”，代表作包括《黑人话河》（*The Negro Speaks of Rivers*，1920）、《犹太人的好衣服》（*Fine Clothes to the Jew*，1927）、《早秋》（*Early Autumn*，1950）等。

族化了。在非洲，文化人的表达是非洲黑人的表达，或穆斯林阿拉伯人的表达。这种表达不一定指向特定的民族文化。文化越来越脱离现实。文化以炽热的情感为庇护，艰难地为自己开辟一些具体的道路，只有这些道路能使文化变得丰富、一致、浓稠。

尽管从历史层面看，被殖民的知识分子事业受限，但他们还是在很大程度上支持了政治家的活动，使之正当化。的确，被殖民的知识分子的态度有时具有崇拜或宗教信仰的一面。但如果我们仔细分析，就会发现这种态度表明被殖民的知识分子已经意识到，他们正冒着割断自己与人民之间绑着的最后几根绳索的危险。这种公开宣称存在一种民族文化的信仰，实际上表达了一种意愿：想要热切地、绝望地回到不管是什么地方。为了确保自己的解放，躲避白人的文化霸权，被殖民的知识分子感到自己必须回到不知名的根，无论如何，让自己迷失在野蛮的人民中。因为他们觉得自己就要精神错乱了，他们处于可能无法克服的矛盾境地，他们从可能陷入的沼泽中抽身，准备冒着失去身体、失去头脑的危险，不顾一切地接受、承担、证实他们找到的东西。被殖民的知识分子发现，自己必须代表所有人回答所有问题。他们不仅仅变成了捍卫者，他们还同意和其他人站在一起，从今往后，他们可以坦然嘲笑自己过去的怯懦。

这种艰难而痛苦的抽身是必要的。不这样做，就可能导致极其严重的情感心理残缺。那些无岸可靠、无界可人、没有颜色、没有国籍、没有根的人，就像天使一样。同样，我们也不会讶异于听到某些被殖民者声称：“我作为塞内加尔人和法国人……作为阿尔及利亚人和法国人……说话。”遇到双重国籍、两种决定的为难时刻，阿拉伯和法国的知识分子、尼日利亚和英国的知识分子，如果他们够诚实，就会选择否定其中一种。但最常见的情况是，这些知识分子不想选，也无法选，于是他们拾捡起所有影响过自己的历史决定，使自己完全置于“全球视角”。

被殖民的知识分子渴望投入西方文化。他们就像被收养的孩子，只有在精神中凝结出保证自身安全的最基本核心时，才会停止探究新家庭的环境。他们努力将欧洲文化吸收为自己的文化，他们不满足于知道拉伯雷或狄德罗，莎士比亚或爱伦·坡，他们集中精力学习，直到能够在思想中与这些人共舞。

> 夫人并不孤单，
> 她有一个丈夫，
> 一个很体面的丈夫，
> 知道引述拉辛和高乃依，

伏尔泰和卢梭，
老雨果和青年缪塞，
纪德和瓦莱里，
以及其他许多人。①

然而，当民族主义政党以民族独立为理由动员人民时，被殖民的知识分子有时会一脚踢开自己曾经获取、现在却突然使他们感到异化的知识。但嘴上说放弃要比行动上真正放弃简单得多。知识分子已经通过文化融入西方文明，他们与欧洲文明合体，或者说借欧洲文明换体，可当他们出于独特性的考虑，决心接受一种母体文化时，他们发现这种母体文化几乎无法提供足够的杰出人物，用来支撑他们与占领者文明中数不胜数的非凡人物作对比。由西方人书写、为西方人书写的历史，可能会时不时地肯定非洲某些历史时期的价值。但当知识分子站在今天的祖国面前，清醒地、“客观”地观察他们想要化为己用的非洲大陆现实时，他们被眼前的空白、蒙昧和野蛮吓坏了。他们觉得自己必须走出白人文化，必须去别处寻找，无论去哪里寻找，可由于无法找到足以与占领者展示的光辉全景匹

① 勒内·德佩斯特（René Depestre），《面对黑夜》（*Face à la nuit*）。[译注] 勒内·德佩斯特（1926—　），海地诗人、小说家，著有《火花》（*étincelles*，1945）、《黑色矿石》（*Minerai noir*，1956）、《我所有梦中的阿德里亚娜》（*Hadriana dans tous mes rêves*，1988）、《活之怒》（*La rage de vivre*，2007）等作品，曾流亡法国、古巴等地，在联合国教科文组织工作多年。

敌的文化食粮，被殖民的知识分子常常要退回激情昂扬的辩护立场，由此产生一种过分敏感的心理状态。这种退回的行动首先来自内部机制和外部相貌的预期理由①，特别容易让人联想起一种肌肉反应、一种肌肉收缩。

被殖民的知识分子决定表达意识正在获得解放这一阶段，上述内容足以说明他们文体风格的由来。这是一种跌跌撞撞、非常形象化的风格，因为形象就像吊桥，能使无意识的能量分散到周围的草地。这是一种强劲的风格，因节奏而跃动，迸发出的生命力贯穿始终。这种风格也是多姿多彩的、黝黑的、洒满阳光的、强烈的。这种风格曾一度使西方人大为震惊，但这种风格绝非如人所言，是一种种族特点。这种风格就像一场肉搏战，知识分子感到必须伤害自己，必须流下真正的鲜血，必须割除身上已经有腐败迹象的部位。这是一场痛苦的、迅速的战斗。在这场战斗中，力量必然取代观念。

如果说，知识分子在诗歌层面达到了不同寻常的高度，那么在生活层面，他们经常走进死胡同。不管人民过去是怎样，现在又是怎样，当知识分子达到与人民水乳交

① ［译注］预期理由，指证明者只凭个人主观想象，认为自己使用的论据是真实的，理由是可靠的，但实际上这些论据的真实性是未经证明的，这些理由是靠不住的。

融的顶点时，他们决定重新找回日常的道路，可他们从冒险中找到的只有极为贫乏的老一套。他们强调习俗、传统、衣着打扮的方式，可他们痛苦的寻觅只能让人想起对异国情调毫无新意的追寻。在这一时期，知识分子歌颂土著景观最细微的表现。非洲黑人穿的长袍被神圣化了，巴黎或意大利产的皮鞋被阿拉伯人的传统拖鞋取而代之。统治者的语言突然变得烫舌头。在这一时期，找回他们的人民，有时意味着想成为黑人，不是与众不同的黑人，而是一个真正的黑人，就像白人描述的那样，一个黑人下流坯子。找回他们的人民，就是变成阿拉伯人，变得越土著越好，越认不出来越好，就是斩断自己身上曾经任其长大的翅膀。

被殖民的知识分子决定清点在殖民世界养成的坏习惯，并抓紧回忆人民的礼貌风度，因为他们相信人民掌握所有真理。这种方法在定居非洲的殖民者队伍中掀起的丑闻，坚定了被殖民者的决心。殖民者曾经在被同化者身上尝到胜利的滋味，现在他们却发现，这些他们以为已经解救了的人正重新融入黑人群体，整个体制都被动摇了。每个被争取过来的被殖民者，每个宣誓效忠的被殖民者，一旦他决定重回老路，那就不仅仅代表殖民事业的失败，也意味着已经完成的工作是无效和缺乏深度的。每个重新退回界内的被殖民者都是对方法和体制的彻底谴责。被殖民的知识分子在他们挑起的丑闻中，找到了辞别的正当理由和坚持下去的决心。

如果我们想通过被殖民作家的作品，辨别出标志着这种不同发展阶段的特征，我们眼前会浮现出三个时期的全貌。在第一阶段，被殖民的知识分子证明他们吸收了占领者的文化。他们的作品与宗主国作家同行的作品逐一对应。作品受到欧洲的影响，可以很容易被归为宗主国文学中的某个特定流派。这是完全同化时期。在被殖民者的文学中，我们能发现帕纳斯派、象征主义派、超现实主义派。

在第二阶段，被殖民者开始动摇，决定回忆过往。这一时期的创作大体符合我们在前文中描述的那种重新投入，但这时的被殖民者并未融入人民，他们与人民仅保持了外部联系，局限于回忆。于是，一些童年时代的旧插曲从记忆深处浮现，根据借用的美学，根据在别的视域下发现的世界观，一些古老的传说被重新阐释。有时候，这种战斗前夕的文学充满幽默和寓意。但这一时期主要是焦虑、不安、死亡、恶心的体验。他们在自我厌弃的同时，已经听到了下面传来的笑声。

最后在第三阶段，所谓的战斗阶段，被殖民者继试图消失在人民当中，和人民一起消失的阶段之后，将使人民震动。他们没有任由人民陷入麻木，而是转变为人民的唤醒者。战斗文学，革命文学，民族文学。在这一阶段，一大批从未想过创作文学作品的男男女女，发现自己处于特殊的境地——在监狱里，在游击队里，在被处决的前夕，他们感到自己必须说一说他们的民族，必须谱写表现人民的乐章，必须担任处于行动中的新现实的发言人。

然而被殖民的知识分子早晚会意识到，他们不是通过文化来证明自己的民族，而是通过人民反抗占领者势力的战斗。没有任何殖民主义会因为它统治的领土上不存在文化就获得正当性。仅仅靠展示不为人知的文化瑰宝，是不可能使殖民主义感到羞愧的。被殖民的知识分子一心沉浸在文化创作中，没有意识到他们同时也是在借用占领者的技巧和语言。他们以为在这些工具上盖一个所谓民族主义的印章就够了，却奇特地令人联想起异国情调。被殖民的知识分子经由文化作品回到人民身边，但他们的所作所为就像一个外国人。有时候，他们毫不犹豫地使用方言，想要表现出自己尽可能靠近人民的意愿，但他们所表达的思想，他们关心的主题，却与祖国人民认知的具体形式并不一致。知识分子关心的文化常常不过是地方主义的库存品。他们想要贴近人民，却只贴近了一个外在可见的表象。这种表象不过是一种隐蔽的、浓厚的、对不断更新的生活的反应。这种客观性近在眼前，且似乎构成了人民的特征，但本质正处于剧烈的革新中，对这些更关键的本质进行并不总是严谨的各种改写，只会得到没有活力且不被承认的结果。文化人没有去追寻这种本质，却放任自己被这些僵化的片段迷惑，这些片段一旦稳定下来，就反而意味着否定、过度和捏造。文化从来就不像习俗那样具有半透明性。文化完全排除一切简单的形式。从本质上而言，文化和习俗相反，习俗始终是一种文化的退化。倘若我们想要贴合传统，想要再现已经被废弃的传统，那就不仅违背了历史，也违背了人民。当人民支持反对无情的殖民主义的武装斗争，甚至是政治斗争时，传统的意义就改变了。在这一时期，消极的抵抗技术可能会受到强烈谴责。在处于斗争阶段的不发达国家，传统从根本上而言是不稳定的，留有离心力的痕迹。这也是为何知识分子常常会跟不上节奏。投身于斗争的人民对蛊惑人心的煽动越来越具免疫力，如果知识分子过于紧随人民，他们就不过是庸俗的机会主义者，甚至是落伍者。

例如，在造型艺术方面，被殖民的创作者一心要完成民族作品，却只局限于对细节的刻板复制。这些艺术家曾钻研过现代技法，受绘画或当代建筑主要流派的影响，现在却背过身，否定外国文化，追寻真实的民族文化，强调他们认为是民族艺术中的持久性特征。但这些创作者忘了，思考模式、饮食方式、现代信息技术、语言、服饰等都辩证地重组了人民的头脑，持久性特征在殖民时代充当防线，今天却处于完全的激变中。

创作者想要描绘民族的真实，却自相矛盾地走向过去，走向非现实。他们在深沉的意向性中所瞄准的，是思想的残渣、是外在的表象、是残骸死尸、是凝固在时间中的知识。被殖民的知识分子想要创作出真正的作品，就要知道民族的真实首先就是国家的现实。他们必须深入到知识可能会沸腾的地方去。

在独立前，被殖民的画家对国家全貌无动于衷，他们偏好非形象艺术，更常专攻静物画。独立后，他们一心想要加入人民，才致力于表现民族现实的点点滴滴。但这种表现形式缺乏节奏，是宁静的、不动的，令人想起死亡，而非生命。面对表现得如此逼真的现实，受过教育的人心驰神醉，但我们有权自问：这种表现出来的现实是否真实？这种现实是否已经过时？是否被人民的英雄史诗所质疑、所否定？因为人民已经通过这部史诗，开辟了一条通往历史的道路。

在诗歌方面，我们也可以作出同样的评价。在我们吸收和掌握韵律诗以后，诗歌的达姆鼓[①]节奏就爆发了。这是反叛的诗歌，也是分析性、描述性的诗歌。然而诗人必须明白，与武装起来的人民站在一起，投入理性的、不可逆的战斗，这是任何东西都无法取代的。我们再一次援引

① ［译注］达姆鼓（tamtam），又译“达姆达姆鼓”，是非洲的主要乐器，可用于日常生活（用来表现节日的欢快、丰收的喜悦等）、宗教活动、传递信息（战争、集会、出生、死亡、婚姻等）。

德佩斯特的诗[1]：

夫人并不孤单，
她有一个丈夫，
一个什么都知道的丈夫，
但坦白说他也什么都不知道，
因为文化不可能没有让步，
让步血与肉，
让步自己给他人，
让步的价值等同于
古典主义和浪漫主义，
以及一切滋养我们灵魂的东西。

被殖民的诗人一心想要创作民族作品，坚持描写他们的人民，却错过了他们的目标，因为他们在下笔之前，没有做到德佩斯特所说的这种彻底的让步。法国诗人勒内·夏尔[2]十分理解这一点，他提醒我们："诗歌在主观的强制和客观的选择中出现。诗歌是具有决定性的独特价值的动态集合，与被局势推至首位的某人同时代

---

① 勒内·德佩斯特，《面对黑夜》。

② [译注] 勒内·夏尔（René Char，1907—1988），法国当代诗人、法国抵抗运动成员，代表作有诗集《没有主人的锤子》（*Le Marteau sans maître*，1934）、《伊普诺斯的书页》（*Feuillets d'Hypnos*，1946）、《水中的太阳》（*Le Soleil des eaux*，1949）等。

出现。"[①]

是的，被殖民的诗人的第一要务是明确以人民为创作主题。只有首先意识到自身的异化，我们才能坚定向前。我们从另一头获取了一切。然而，除了用各种迂回手段让我们屈从其领导，用千万种诡计花招吸引我们、引诱我们、囚禁我们，另一头什么也没给我们。在许多层面，获取等同于被捕获。因此，尝试用越来越多的正色声明或断然否认来摆脱这一境地是不够的。在人民不再停留的过去加入他们是不够的，因为他们刚刚掀起了一场突然转向的运动，一切都要重新思考。我们应该奔赴人民所在的神秘的不平衡之所，因为不用怀疑，在那，人民的灵魂凝聚成形，人民的感知与呼吸熠熠生辉。

几内亚共和国今天的内政部长凯塔·福德巴[②]，在担任非洲芭蕾舞团团长时，没有对几内亚人民呈现在他眼前的现实耍花招。他以革命的视野，重新阐释了国家所有的节奏意象。但他做的不仅于此。在他鲜为人知的诗作中，我们发现诗人不断明确斗争的历史时刻，界定开展行动的场所，以及人民意志凝结成的思想。下面这首凯塔·福德巴的诗，真诚地邀请我们思考、认清战斗的真相。

---

① 勒内·夏尔，《形式的分割》(*Partage formel*)。

② [译注] 凯塔·福德巴 (Keïta Fodéba，1921—1969)，几内亚诗人、剧作家、音乐家、政治家，曾在巴黎创办非洲芭蕾舞团，影响深远。几内亚独立后，福德巴在塞古·杜尔政府任内政部长，后因政治原因被捕，1969 年死于狱中。

非洲的黎明

（吉他乐）

黎明时分。小村庄在达姆鼓的伴奏声中跳了整整半宿舞以后，渐渐醒来。衣衫褴褛的牧羊人吹着笛子，把羊群带进山谷。少女们头顶水盆，鱼贯走在通往泉水的蜿蜒小路上。马拉布的院子里，一群孩子齐声吟唱古兰经的诗句。

（吉他乐）

黎明时分。日与夜的交战时刻。夜已筋疲力尽，无以为继，只能慢慢消失。几缕阳光姗姗来迟，腼腆而苍白地挂在天际，预示着白日的胜利。残星缓缓躲到云堆后，云朵的颜色就像盛开的金凤花。

（吉他乐）

黎明时分。在那里，在那紫红色轮廓的辽阔平原深处，一个弯着腰的男人在开垦土地，那是耕种者纳芒（Naman）的身影。他每锄一下，受惊的鸟儿就四散飞起，振翅飞回尼日尔大河的平静河岸。他的灰色棉布裤子被露水打湿，擦过旁边的野草。他汗流浃背，始终弯着腰，不知疲倦地灵巧摆弄着他的锄头；因为他必须在下一场雨来临之前，把种子埋进地里。

（科拉[①]乐）

黎明时分。总是黎明时分。麻雀在树间飞舞，正式宣告白日的到来。在平原潮湿的路上，一个孩子斜背着箭袋，气喘吁吁地朝纳芒跑去。他远远呼喊着：“纳芒哥，村长要你到议事树下去。”

（科拉乐）

这么早收到召见的通知，耕种者吓了一跳，他放下农具，往沐浴在初升太阳微光中的村子走去。长老们已经就座，表情是前所未有的凝重。在他们身边是一个身穿制服的男人，那是行政区的警卫兵。他抽着烟斗，表情淡然。

（科拉乐）

① ［译注］科拉琴（cora），又称非洲琴，是介于竖琴与琉特琴间的弹弦乐器，流行于冈比亚、塞内加尔等西非地区。演奏者将科拉琴放在地上，以双手弹拨演奏。科拉琴是非洲乐器中比较复杂的旋律性乐器。

纳芒坐在一张羊皮上。村长的格里奥[1]起身，向参加会议的人传达长老们的决议：“白人派了个警卫员来，要我们村里出一个男人，去他们国家打仗。长老们经过商议，决定派出最能代表我们村的青年，让他在白人的战役中展示我们曼丁戈人[2]一贯特有的勇气。”

（吉他乐）

纳芒就是被指定的人。每天晚上，少女们都会用悦耳的歌声，赞美纳芒威武的身躯和发达的肌肉。纳芒年轻的妻子——温柔的卡迪亚（kadia）——听到这个消息，惊慌失措，突然停止舂米，把臼收在谷仓

① [译注] 格里奥（griot），在马里帝国时期，格里奥本是宫廷史官，负责纪录史实、吟唱君王。随着帝国的消亡，格里奥散落民间，有的行走各地，传播讯息；有的依附家族或部落，歌功颂德。无论是定居一地还是行游四方，格里奥这一职业都需要具备三个条件：一是家族传承，格里奥不限男女，但必须出身格里奥家族；二是记事传播，在没有书面文字的时期，格里奥不但要能够清楚无误地记下历史传说，而且要具备将其吟唱出来的能力；三是品行端正，格里奥原本是宫廷史官，为了保证历史传说的可信度，他们应该忠实地复述从前人那学到的知识与历史。可以说，格里奥是时代信息的传递者。

② [译注] 曼丁戈人（Manding，Madingo），西非内陆的民族集团，今天几内亚约有30%的人口为曼丁戈人。曼丁戈人主要分布在塞内加尔河、冈比亚河与尼日尔河上游及各支流地区；包括若干近缘民族：马林凯人、班巴拉人、迪乌拉人等。曼丁戈人的发祥地在尼日尔河上游，是马里帝国的后代，对西非历史产生过深刻影响。各村社首领兼为祭司，负责宗教事务，在长老会的辅佐下管理日常行政和诉讼之事。

里，一言不发，走进小屋关上门，哭泣自己的不幸，几乎要晕过去。死神已经夺走了她的第一个丈夫，她无法想象白人要从她身边夺走纳芒，她把未来所有的希望都寄托在了这个人身上。

（吉他乐）

第二天，尽管妻子流着泪抱怨，村里依然响起了庄严的达姆鼓声，宣告战争。纳芒在鼓声的陪伴下，走到村外的小码头，登上一艘平底船，驶向行政区的首府。当晚，少女们没有和往常一样，在广场上跳舞，而是聚在纳芒家门口守夜，她们围着火堆讲故事，直到天明。

（吉他乐）

几个月过去了，没有任何关于纳芒的消息传回村里。年轻的卡迪亚十分担心，跑去邻村求助有名的巫师。长老们就这个问题召开了一次简短的秘密会议，但什么消息也没有透露。

（科拉乐）

终于有一天，村里来了一封纳芒写给卡迪亚的信。卡迪亚担心丈夫的遭遇，连夜艰难步行了几个小时，到达行政区的首府，请一个翻译为她读信。

纳芒说他在北非，身体健康，他还问起粮食收获、打鱼节、跳舞、议事树、村子等的消息。

(巴拉风[①])

这天夜里，村里的老妇人对年轻的卡迪亚开恩，让她来到最年长者的院子里，旁听她们每晚的夜聊。村长得到消息，也十分高兴，给附近的乞丐施舍了一顿大餐。

(巴拉风)

又过了好几个月，大家重新变得焦虑，因为纳芒又一次音信全无。就在卡迪亚打算再次去找巫师时，她收到了第二封信。纳芒去过科西嘉和意大利，现在在德国，还自豪地说自己获得了勋章。

---

① [译注] 巴拉风琴（balafong），西非的键盘类打击乐器，有“非洲钢琴”之称，外形接近于木琴，由竹片和葫芦等天然材质组成。木槌敲击，通过木制琴键下方悬挂的葫芦扩大共鸣。

（巴拉风）

有一次是一张简单的明信片，说纳芒被德国人俘虏，这个消息让村里人都心事重重。长老们召开会议，决定从今往后，准许纳芒跳杜加舞。杜加舞是马林凯国王跳的舞，每一步都代表马里帝国历史的一个阶段，只有做出杰出贡献的人，才有资格跳这种神圣的秃鹫舞。看到丈夫与家乡的英雄人物并列，卡迪亚深感欣慰。

（吉他乐）

时光流逝……两年过去了……纳芒还在德国。他再也没有消息传来。

（吉他乐）

一天，村长收到来自达喀尔的消息，说纳芒即将归来。

村子里立刻响起隆隆的达姆鼓声。众人唱歌跳舞，直到黎明。少女们谱唱新曲来迎接他，因为献给他的老歌里，只字未提杜加舞，这支曼丁戈人的著名舞蹈。

（达姆鼓）

但是一个月后，卡迪亚收到了一封不幸的信，来自纳芒的好友穆萨（Moussa）下士：“黎明时分，我们在滨海佳罗伊①。我们和达喀尔的白人长官爆发了一场激烈的争吵，一颗子弹射中了纳芒。他长眠于塞内加尔的土地。”

（吉他乐）

事实上，那是黎明时分。清晨的阳光轻拂海面，把翻滚的细浪染成金色。微风徐徐，棕榈树似乎也为日夜间的这场晨战伤心，把树干微微倾向大海。乌鸦成群结队，呱呱乱叫，向四周宣告那个血染佳罗伊黎明的悲剧……在烧红的天际，正好就在纳芒尸体的上空，一只巨大的秃鹫在高空沉重地盘旋，似乎在说：“纳芒！你不能跳这支以我为名的舞。会有别人来跳的。”

（科拉乐）

① ［译注］佳罗伊（Tiaroye-sur-Mer），塞内加尔首都达喀尔的一个滨海地区，以风景秀丽著称。

我选用这首长诗，是出于其毋庸置疑的教育价值。诗里的信息十分清楚。这是一种明确的、渐进的陈述。理解这首诗不仅是一种智力行为，也是一种政治行为。理解这首诗，就是理解我们扮演的角色，辨别我们的行动，擦亮我们的武器。没有一个被殖民者会无法接收诗中包含的信息。纳芒是欧洲战场的英雄，纳芒不断保证宗主国势力的强大和持久，纳芒在返回故土时，被警察开枪打死了。这样的事发生在1945年的塞提夫，发生在法兰西堡、西贡、达喀尔、拉各斯。所有为保卫法国的自由或英国的文明而战的黑人和阿拉伯人，都在凯塔·福德巴的这首诗中重新浮现。

但是凯塔·福德巴看得更远。在殖民地国家，殖民主义在战场上用完土著之后，再用这些老兵来破坏独立运动。退伍军人协会是殖民地最反民族主义的势力之一。诗人凯塔·福德巴让几内亚共和国的内政部长做好准备，挫败法国殖民主义策划的阴谋。的确，在退伍军人的帮助下，法国特务机关曾密谋摧毁几内亚刚刚获得的独立。

为人民写作的被殖民的作家，在利用过去的时候，目标应该是开创未来、鼓励行动、树立希望。但要确保希望、巩固希望，就必须参与行动，全身心地投入民族斗争。我们可以写作一切主题，但当我们决定写作一个人生命中独一无二之事——打开眼界，照亮家园，让自己和人民站起来——的时候，就必须在力量上紧密合作。

被殖民的文化人不是要对民族文化负责，而是要对整个国家负责，归根结底，文化只是国家的一个方面。被殖民的文化人要操心的，不是选择何种战斗水平，或在哪个领域投入民族斗争。为民族文化而战，首先是为民族解放而战，文化只有通过这种有形的母体才可能存在。文化战斗无法脱离人民的战斗独自发展。例如，所有赤手空拳对抗法国殖民主义的阿尔及利亚男女，都不会与阿尔及利亚的民族文化毫无干系。在这些战斗中，在监狱里，在断头台前，在被包围和摧毁的法国军队港哨里，阿尔及利亚的民族文化凝结成形。

因此，我们不能满足于潜入人民的过往，寻找一些一致性因素，来对抗殖民主义的篡改和贬低。我们应该和人民一起，用同样的节奏工作、战斗，以便明确未来，耕耘已经长出茁壮幼苗的土地。民族文化不是民间传说，抽象的民众主义以为可以从民间传说中找到人民的真实。民族文化不是一些纯洁行为的沉淀物，或越来越脱离民众当前现实的东西。民族文化是人民在思想层面所做的全部努力，目的是描述、解释、歌颂人民得以构成和维系的行动。在不发达国家，民族文化应该位于各国解放斗争的中心。那些还在以非洲黑人文化的名义作战、以文化统一的名义多次召开大会的非洲文化人，今天应该意识到，他们的活动其实不过是核对一些文献、比较一堆石棺罢了。

没有塞内加尔民族文化和几内亚民族文化的命运共同体，只有同样受到法国殖民统治的几内亚和塞内加尔民族命运共同体。如果我们想让塞内加尔的民族文化和几内亚的民族文化变得相似，光靠两国领导人以相近的观点提出一些问题——解放问题、工会问题、经济问题——是不够的。即便如此，也不可能有绝对的一致，因为人民的节奏和领导人的节奏并不总是合拍。

文化不可能完全相同。想搞黑人文化的人却奇妙地忘了黑奴正在消失，而那些制造黑奴的人正目睹自己经济和文化霸权的解体。① 没有什么黑人文化，因为没有任何一个政治家会将创建黑人共和国作为自己的使命。问题在于这些人打算把哪个位置留给他们的人民，打算建立何种类型的社会关系，对人类未来有何设想。重要的是这些，其他一切不过是不切实际的故弄玄虚。

1959 年在罗马聚会的非洲文化人不断讨论统一问题。

---

① 在达喀尔最近一次的颁奖会上，塞内加尔总统列奥波尔德·桑戈尔决定在教学大纲中加入对“黑人性”概念的学习。如果塞内加尔总统力挺的“黑人性”概念是被列入历史课程的话，我们举双手赞成。但相反地，如果他意在打造黑人意识，那就是在与历史背道而驰，因为历史已经见证了大部分黑奴的消失。

今天在马达加斯加政府担任部长一职的雅克·拉贝马南雅拉[①]是号召文化统一的最突出人物之一，他以部长身份和他的政府一起，在联合国大会上采取了反对阿尔及利亚人民的立场。如果他忠于自己的话，他应该从政府辞职，揭发那些自称代表马达加斯加民意的人。9 万名死去的马达加斯加人，并没有委托拉贝马南雅拉在联合国大会上反对阿尔及利亚人民的诉求。

非洲黑人文化是围绕着人民的斗争变得坚实的，而不是围绕着颂歌、诗句或民间传说。桑戈尔也是非洲文化协会的成员，围绕非洲文化问题与我们并肩工作，但他没有畏首畏尾，他也下令让塞内加尔代表团支持法国有关阿尔及利亚的议题。加入非洲黑人文化，加入非洲文化的统一事业，首先意味着无条件支持人民的解放斗争。如果不具体地为文化的存在创造必要条件，即非洲大陆的解放，那么将非洲文化发扬光大，就不过是个愿望罢了。

我再一次强调，任何演说，任何有关文化的宣言，都不能使我们背弃自己的根本任务：解放祖国领土，时刻为反对新形态殖民主义而斗争，高度警惕对现有成就的相互吹捧。

---

① ［译注］雅克·拉贝马南雅拉（Jacques Rabemananjara，1913—2005），马达加斯加政治家、作家。1947 年，拉贝马南雅拉因参加马达加斯加反殖民起义被捕，1956 年获释，1960 年国家独立后任国家经济部长、外交部长等职。

民族文化和解放斗争互为基础

殖民统治由于过于全面和简单化，很早便以惊人的方式瓦解了被征服者的文化。否定民族现实，引入占领国全新的法律关系，将土著及其习俗排挤到殖民社会的边缘，强占土地，对男男女女的系统奴役，这一切都可能导致文化消亡。

三年前，我就在第一届代表大会上指出，在殖民情境中，态度的固化很快就取代了活力。文化领域受到一些栅栏、一些路标的限定。这些都是最基本的防御机制，在多个层面与单纯的生存本能相似。在这一时期，看到被压迫者的民族和文化在客观上不复存在，压迫者竟然还不满足。他们使出浑身解数，要让被殖民者亲口承认他们的文化是劣等的，已经退化为本能的行动，承认他们的民族只存在于想象当中，最过分的是，要他们承认自己的生物学结构是未进化完成的、不完善的。

面对这种情况，被殖民者反应不一。群众原原本本地保留下了最异于殖民情境的传统，与此同时，手工业的风格却在越来越刻板的形式主义中固化，知识分子狂热地吸收占领者的文化，同时贬低自身民族文化的特点，或满足于以详尽又系统的方式列举民族文化，虽然充满激情，却很快会变得枯燥无味。

这两种企图的共同点是，无论哪一种都会陷入令人难以忍受的矛盾状态。不管是变节者还是实体论者，被殖民者的努力都是无效的，因为确切来说，对殖民情境的分析不够严谨。殖民情境几乎完全中断了民族文化的发展。在殖民统治的框架下，没有，也不会有民族文化、民族文化生活、民族文化的创新或转型。有时候，我们会看到这里或那里涌现出一些勇敢的尝试：重新激发文化活力，重新定位主题、形式和调子。表面上，这些微小的突发事件没有取得即刻、可见、明显的成效。但当我们追踪这些事件的结果直至极限，我们察觉到了一些新事物的萌芽：民族意识的明朗、对压迫的质疑、解放斗争的开端。

在殖民统治下，民族文化是被否定的文化，受到持续且系统的破坏。很快，这种文化被迫转入地下。文化的地下活动概念立刻体现在占领者的反应中，占领者把遵循传统视作忠于民族精神，视作拒绝屈服。坚持殖民社会所禁止的文化形式，这已经是一种民族意识的外在表现了。但这种外在表现遵从惰性法则：没有发起战斗，没有重新定义关系，只是依附着一个越来越狭小、越来越无生气、越来越空洞的核心。

在一到两个世纪的剥削之后，民族文化全貌急剧缩减。民族文化变成了一座仓库，用来储存行动惯例、衣着传统以及支离破碎的制度。民族文化鲜少活动。没有真正的创造性，没有激情。人民的贫困、民族的压抑、文化的禁止，这些是同一个问题，也是唯一的问题。在一个世纪的殖民统治之后，文化变得极度僵硬、凝固、石化。民族现实的衰败和民族文化的垂危形成相互依存的关系。因此，在解放斗争中关注这些关系的发展变得至关重要。殖民者否定文化，蔑视原生或情感的文化表现，将一切文化组织定义为非法组织，不断火上浇油，最后使被殖民者产生攻击性行为。但这些攻击性行为是条件反射，是无差别、无政府主义、无效的行为。殖民剥削，人民贫困，地方性饥荒，被殖民者越来越走投无路，只能投身公开和有组织的斗争。不知不觉间，绝大多数人民意识到，一场决定性的对抗在所难免。从前没有的紧张气氛现在不断叠加。国际事件、殖民帝国的全面崩溃、殖民体制的固有矛盾都催生并加强了战斗性，推动了民族意识的发展壮大。

这种新出现的紧张气氛蔓延至殖民现实的所有阶层，也在文化层面引起反响。例如，在文学领域就出现了相对的生产过剩。土著创作的文学作品，原本只是殖民者的二流复制品，现在却想与其区别开来，变得与众不同。在受压迫的时代，知识分子是文学作品的主要消费者，现在却摇身一变，成了生产者。这种文学最初试水的体裁是诗歌和悲剧，随后开始涉猎长篇小说、中短篇小说和随笔。似乎有一种内部的组织、一种语言表达的法则，它规定，解放斗争的目标和方法越明确，文学的诗意表达就越少。主题彻底变了。我们发现，苦涩和绝望的谴责声越来越轻，激烈和响亮的语气越来越弱，总之，占领者越来越安心。殖民主义者此前曾鼓励文学创作，为作品的出版发行提供便利。实际上，占领者将这些尖锐的谴责、暴露的贫苦、表达的激情视作一种心理疏导。为文学创作提供便利，在某种意义上，是为了避免发生悲剧，缓和气氛。

但是这种局面只能是过渡的。的确，人民的民族意识的发展，改变并明确了被殖民的知识分子的文学活动。人民持续的凝聚力感染了知识分子，让他们决定不再停留在叫喊层面上。抱怨变成了控诉，然后又变成了号召。在下一阶段还出现了口号。凝结起来的民族意识，不仅彻底改变了文学的体裁和主题，而且为所有作品创造了新的读者群。起初，被殖民的知识分子完全面向压迫者写作，要么是为了吸引压迫者，要么是想通过种族范畴或主观主义范畴揭露压迫者，但渐渐地，他们养成了面向人民写作的习惯。

从这个时候开始，才出现了真正意义上的民族文学。文学创作恢复且明确了一些典型的民族主义主题。准确地说，这是一种战斗文学。就此意义而言，这种文学号召所有人民站起来，为民族生存而斗争。这是战斗文学，因为它使民族意识产生意义，赋予其具体的形态与轮廓，为其开辟新的、无限的前景。这是战斗文学，因为它担负起责任，决心等待时机。

从另一个层面看，因为编录成册而显得固化的口头文学、民间故事、史诗、民谣等现在也出现了变化。说书人原本只是背诵一些毫无生气的片段，现在通过语言加工，进行越来越彻底的改写，使这些片段生动起来。他们尝试使冲突现实化，使提到的斗争、英雄的名字和武器的类型现代化。影射法变得越来越常用。我们不再用老套的“很久很久以前”，而用一种更模棱两可的话术来替代：“我要讲的故事发生在某个地方，但很可能今天或明天就会在这里发生。”在这一点上，阿尔及利亚的例子很能说明问题。从 1952 至 1953 年起，原本讲着一成不变的故事、让人感到疲惫的说书人，突然从里到外改变了他们讲故事的方法和故事的内容。从前观众稀稀拉拉，现在是密密麻麻。随着类别的标准化，史诗重新出现。这是一种重现文化价值的真正表演。殖民主义对此一清二楚，从 1955 年起，它开始系统逮捕这些说书人。

人民在与这种新行动的接触中掌握新的呼吸节奏，遗忘了肌肉的紧张，展开想象。每当说书人对观众讲一段新故事，我们就能目睹一场真正的祝圣。说书人向观众展示了一种新的人物类型。当前事物不再停留在自己的小圈子里，而是向四面八方扩散。说书人重新让自己的想象力自由驰骋，不断创新，变身为真正的创作者。有时，说书人甚至重新采用并改造了一些负面人物，例如拦路抢劫的强盗、或多少有些反社会的流浪汉。在殖民地国家，我们必须步步紧跟民谣和民间史诗故事中迸发出来的想象力和创造力。说书人通过不断试错，回应人民的期待，表面上是孤军奋战，实际上得到了观众的支持，走在寻找新典型与民族典型的路上。喜剧和闹剧消失了，或失去吸引力。戏剧性不再是知识分子在面对精神危机时的专属产物。戏剧性褪去绝望和反叛的特点，变成人民的共同财产，变成正在酝酿或正在进行的行动的一部分。

在手工艺方面，如同受到惊吓般一成不变的形态逐渐放松。以木雕为例，从前，成千上万的木雕都使用几种同样的面部表情或姿势，现在开始有所不同了。缺乏表情或呈痛苦状的面具变得生动，手臂不再紧贴着身体，开始表现某种动作。两个、三个或五个人物的组合出现了。大批业余爱好者或持不同意见者的涌现，迫使传统流派进行创新。这一文化生活领域的新活力常常不为人知，然而它对民族斗争的贡献是至关重要的。艺术家使面部表情和肢体变得生动，以固定在同一底座上的群体为创作主题，以此来鼓励有组织的运动。

如果我们在陶器和瓷器领域研究民族意识觉醒后的变化，可以观察到同样的现象。文艺创作抛开了形式主义。罐子、坛子、盘子的改变先是微不可察，然后是大刀阔斧。从前，配色有数量限制，需遵循传统的颜色和谐法则，现在，艺术家使用的颜色越来越多，且受到革命浪潮的影响。在某些特定的文化场域内部，紫色或蓝色过去似乎一直是禁忌，现在艺术家可以尽情使用。同样，社会学家曾认为，在某些特定区域，人像绝对不可以有面部表情，突然，这种限制也变得松动了。宗主国的专家和人种学家很快察觉到这些转变。整体而言，所有这些转变都被视作一种编码化的艺术风格，是在殖民情境内部发展的一种文化活动。殖民主义专家不承认这种新风格，转而跑去拯救土著社会的传统。殖民主义者反倒成了土著风格的捍卫者。大家记忆犹新，这个例子有一定的重要性：第二次世界大战之后，比波普爵士乐[①]这种新风格的稳定成型，不完全涉及殖民地的现实，也无关白人爵士乐专家的反

① ［译注］比波普（be-bop）爵士乐，又称“咆哮乐”，源于20世纪四五十年代的美国，以即兴演奏为基础，更加偏向布鲁斯，乐曲速度往往非常快，拥有更加密集、强大和丰富的和声语言。

应。对这些专家来说，爵士乐只能是一个老黑人在五杯威士忌下肚之后，创作出的破碎、绝望的怀旧之曲，以表达对自身厄运的诅咒，以及对白人的种族主义式仇恨。当黑人理解自己，并且以不同的方式理解世界时，他们就会产生希望，迫使种族主义世界倒退。很明显，此时，他们的小号会更通畅，他们的嗓音会更洪亮。爵士乐的新风格不仅仅出自经济竞争，毫无疑问，这也是南方在美国南北战争中失败的后果。这一后果尽管姗姗来迟，却是不可避免的。如果说五十年后，只有白人在捍卫这种由“可怜”的黑人断断续续边唱边喊的爵士乐风格，这也不足为奇，因为白人只信奉一种关系类型、一种“黑人性”形式。

我们也可以在舞蹈、歌曲、宗教典礼、传统仪式等方面，寻找到同样的推动力，察觉同样的变化和同样的迫不及待。早在民族斗争的政治阶段或武装阶段之前，读者倘若留心，就可以感受到甚至看到一种新活力的涌现，察觉到战斗的逼近。可能是不寻常的表达方式，也可能是新颖的主题，后者具备一种力量，不再用于祈祷祝圣，而是以“为了”为口号召集人民。这一切都有助于唤醒被殖民者的同理心，使一切观望态度都变得不合时宜、难以接受或注定失败。被殖民者改变了手工艺、舞蹈、音乐、书面文学和口头史诗的目的和动力，他们也因此重塑了自身的认知。世界不再是无可救药的。所有条件汇聚起来，为一场不可避免的冲突做好准备。

我们见证了在文化表现形式中出现的运动。我们看到，这场运动、这些新的形式都与民族意识的成熟过程紧密相关。然而这场运动也越来越趋向具体化、制度化。从中可知，我们必须不惜一切代价捍卫国家的存在。

一个常见错误——很难站得住脚的错误——是在殖民统治的框架下，尝试文化创新，提升土著文化价值。这也是为何我们常会陷入一种悖论：在殖民地国家，最基础、最生硬、最未区分的民族主义是捍卫民族文化最虔诚、最有效的形式。文化首先是一个民族的表达，表达民族的喜好、禁忌与典范。其他禁忌、准则和典范则是在全社会的各个阶层中形成的。民族文化是这些考量的总和，是全社会和这个社会中各个阶层的内部和外部压力作用的结果。在殖民情境中，文化失去民族和国家的双重支持，只能日益衰退，濒临消亡。因此，文化存在的条件是民族解放和国家复兴。

民族不仅仅是文化存在、兴盛、持续更新以及深化的先决条件，民族也是一种必需。首先我们要为了民族的生存而战，以此为文化解禁，为文化打开创造之门。然后民族要为文化提供条件，确保表达的框架。民族为文化汇聚各种必不可少的要素，只有这些要素能赋予文化可靠性、有效性、能动性和创造性。文化的民族特性，使其能够被其他文化渗透，也能够影响并渗透进其他文化。不存在的事物几乎无法对现实起作用，甚至不能影响现实。首先，民族的复兴，从字面的意思来说，必须赋予民族文化以生命。

由此，我们听到了古老的文化沉积层越来越响亮的爆裂声，在民族解放决定性战役的前夕，我们掌握了新的表达方式，张开了想象的翅膀。

此处还要提出一个根本问题。斗争、冲突——政治冲突或武装冲突——和文化之间存在什么关系？在冲突期间，文化是否会中断？民族斗争是不是一种文化的表现形式？最后，是否应该说，解放斗争尽管在“后来”丰富了文化，但就其本身而言，是对文化的一种否定？解放斗争是不是一种文化现象？

我们认为，被殖民的人民为了恢复民族主权而进行有组织、有自觉的斗争，是最充分的文化表现。我们不是只有在斗争中获胜之后，才能赋予文化以有效性和力量，文化在战斗中没有冬眠。斗争自身在其进展中，在其内部过程中，发展文化的不同方向，并勾勒一些新的方向。解放斗争不是要恢复民族文化过去的价值和面貌。这种斗争旨在彻底地重新安排人与人之间的关系，因此不可能使人民的文化形式和内容原封不动。斗争胜利后，不仅殖民主义消失了，被殖民者也消失了。

不管是对自己还是对他人，这种新人类都不得不定义一种新的人道主义。而这种新的人道主义在斗争的目标和方法中早有预示。一场动员所有阶层人民的战斗，一场表达人民的意愿和热望的战斗，一场无所畏惧又几乎完全依靠人民的战斗，必然会取得胜利。这种类型的斗争，其价值就在于最大程度地实现了文化发展与创新的条件。我们在这种条件中获得民族解放之后，就不会像某些新独立的国家那样，在文化上如此痛苦，如此犹豫不决。民族在其诞生形式及存在方式上深刻影响了文化。一个从人民的协商行动中诞生的民族，一个体现人民真正诉求的民族，一个改变国家的民族，其文化形式必然是异常丰富的。

关心自己国家的文化且想要赋予文化普世意义的被殖民者，若要完成这一任务，就不能一意孤行地以为，独立是大势所趋，不需要将其铭刻在人民的意识中。作为目标的民族解放是一回事，人民斗争的方法和内容是另一回事。我们相信，文化的未来、民族文化的丰富性，同样与解放斗争中体现的价值休戚相关。

现在，是时候揭露某些人的假仁假义了。有人到处说，人类已经过了民族诉求的阶段。现在是政治大联合的时代，落后的民族主义者应该改正自己的错误。我们的想法恰恰相反，跳过民族阶段才是错的，而且一旦行错，后果不堪设想。如果文化是民族意识的表现，那么我会毫不犹豫地说，在当前状况下，民族意识是文化最完善的形式。

自我意识并不意味着拒绝沟通。相反，哲学思考教导我们，自我意识才是沟通的保证。民族意识不是民族主义，只有民族意识能赋予我们国际维度。民族意识和民族文化的问题，在非洲具有特别的维度。在非洲，民族意识的诞生与非洲意识保持着严格意义上的共时关系。非洲人面对自己民族文化的责任，也是面对非洲黑人文化的责任。这种共同一致的责任并不是形而上学原理指导下的事实，而是一种平凡法则下的意识，即在殖民主义始终不肯放手的非洲，每个独立的民族都身陷重围，脆弱易碎，永远面临危险。

如果说，人是由自己的行动定义的，那么我们可以说，非洲知识分子的当务之急就是建设自己的民族。如果这种建设是真实的，即表达了人民的明确意愿，揭露了非洲人民迫不及待的心情，那么我们在民族建设的过程中，必然会发现和推动普遍性价值。民族解放非但不会使该民族脱离其他民族，反而会使其跃上历史舞台。国际意识是在民族意识的中心得以成型，并蓬勃发展的。这种双重显现，归根结底，是所有文化的焦点。

（在第二届黑人作家与艺术家大会上的报告，罗马，1959年）

第五章　殖民地战争与精神错乱

但是战争在继续。殖民主义的汹涌波涛给人民造成多处伤口，我们要花好几年时间包扎，可有的伤口依然无法愈合。

今天，帝国主义为了反对人的真正解放，四处征战，留下腐败的种子，我们必须从土地和头脑中找到这些已经发芽的种子，毫不留情地将其连根拔除。

在这一章，我们会讨论阿尔及利亚人民在民族解放战争中产生的精神错乱问题。

也许有人会说，在这样一本书中摘录精神病学笔记不甚恰当，也颇为奇怪。可我们不得不这么做。

由这场战争导致的精神病现象、行为和思想紊乱，对于“安抚行动”的绥靖者，或在“被安抚的”人民内部，具有重要影响，这一点由不得我们。事实是，殖民化就其本质而言，已经是精神病院的最大供应商了。1954 年以来，我们在不同的科研成果中提醒法国和国际精神病专家，要正确“治愈”一个被殖民者——即令他彻底融入一个殖民地类型的社会环境——会遇到的困难。

因为殖民主义是一方对另一方的系统性否定，是一方疯狂地决定拒绝承认另一方一切人的属性。殖民主义把被殖民的人民逼得无路可走，他们常常问自己这样一个问题：“我到底是谁?”

在被殖民者和殖民体制的暴力对决中产生的防御姿态，组成了揭示被殖民者人格的结构。要想理解这种“敏感性”，只需要观察被殖民者在殖民体制内生活的一天，研究和衡量一下就此出现的伤口的数量和深度就足够了。无论如何必须记住，被殖民的人民不仅仅是被统治的人民。在德国占领下，法国人还是人。在法国占领下，德国人还是人。但在阿尔及利亚，不仅有殖民统治，还有严格意义上仅仅只是占领一块领地的决心。阿尔及利亚人、穿罩袍的妇女、棕榈树林和骆驼构成了景观，构成了法国殖民者在阿尔及利亚出现的“自然”背景。

敌意、倔强、极难对付的自然确实在殖民地表现为荒漠、蚊虫、土著和热病。当整个不顺从的自然最终被驯服，殖民也就取得了胜利。贯穿荒漠的铁路，抽干水的原沼泽地，在政治上和经济上对土著的视而不见，这些实际上都是同一回事。

在未经历武装斗争的殖民阶段，当有害刺激的总量超过一定限度时，被殖民者的防御姿态就会崩塌，其中许多人会出现在精神病院。在成功殖民的平稳时期，大量且持续产生的精神病症状是压迫的直接产物。

七年来，由阿尔及利亚人民领导的民族解放战争，因辐射了全体人民，今天已经成了利于精神错乱症状诞生的土壤。① 下面我们会讨论一些阿尔及利亚人和法国人的病例，这些病例由我们医治，而且在我们看来，特别有说服力。无须赘言，我们不是在提交一项科研成果。我们会避免一切症候学、疾病分类学或治疗学的讨论。下文中出现的几个专业术语仅仅用作标记，但是我们必须强调两点。

按惯例，临床精神病学把我们的病人所表现的各种错乱归在“反应性精神病”类别中。在这种情况下，我们会强调诱发疾病的事件，尽管到处会提到场域（病人在心理、情感和生物学上的历史）以及环境的作用。但在下文的这些病例中，我们认为诱发疾病的事件主要是血腥冷酷的氛围、不人道行为的普及，以及人们目睹一件真正末日般可怕的事件之后留下的顽固印象。

A 系列中的 2 号病例是典型的反应性精神病，但 B 系

---

① 在《阿尔及利亚革命第五年》（*L'An V de la révolution algérienne*）最初两版未发表的引言中，我们已经指出，整整一代阿尔及利亚人遭受无理由的集体屠杀，由此引起的情感心理后果会是法国在阿尔及利亚的人道遗产。有些法国人谴责国人在阿尔及利亚犯下的罪行，但他们总是采取一种纯粹法国式的观点。这不是指责，而是一种观察：他们想要保护当前握有权力的施刑者的意识，避免让法国青年的精神受到污染。至于我们，我们只能同意这种活动。这里列举的某些病例，主要是 A 系列的 4 号和 5 号病例，可悲地展示也证明了法国民主人士的这块心病。无论如何，我们的意图是要指出，正如人们所料，受折磨者的人格因遭受的折磨而完全解体。

列的 1、2、4、5 号病例由于因果关系较为松散，我们无法真正说出一个特定的诱发事件。这里的诱发事件就是战争，是这场常常具有真正种族灭绝特性的殖民战争，是这场震撼与粉碎世界的战争。如果我们想使用现有的标签——反应性精神病，就要特别强调这场战争作为反殖民战争的整体性与特殊性。在两次世界大战之后，不少刊物印发了有关精神病理学的研究成果，研究对象是经历战争的军人，以及经历集体逃亡或在轰炸中幸存的平民。下文提到的部分精神病学案例表现出前所未见的症状，证实了——如果还需要证实的话——这场殖民战争甚至在其造成的病理学症状方面，也是独一无二的。

在我们看来，另一种普遍接受的观念也值得略做研究，这种观念认为反应性精神错乱是相对良性的。当然我们也可以描写一些继发性精神病的表现，即整体人格的彻底解体，但这些都是特殊的例子。相反，我们认为，常见的规律是病理性过程往往向恶性发展。病人的错乱会持续数月之久，集中攻击自我，几乎总是留下身体虚弱的后遗症，一般肉眼可辨。显然，这些病人的未来也不会容易。一个例子能够说明我们的观点。

在一个几年前就获得独立的非洲国家，我们曾医治一个病人，一个爱国者，前抵抗运动成员。这位三十多岁的男性向我们咨询，要求纾解病痛。因为每年临近某个日期，他都会失眠，伴有焦虑不安的精神状态和固定的自毁冲动。在那个关键日期，他遵从组织的命令，在某个地方放置了一枚炸弹，爆炸带走了 10 个人的生命。[①]

这个战士无论何时都不打算否认自己过去的行为，他十分清楚自己为民族独立付出的代价。这些边缘案例提出了革命框架中的责任问题。

我们在本章列举的病例涵盖了 1954—1959 年这一时间段。部分病人是在阿尔及利亚诊治的，不是在医疗中心，就是在私人诊所。其余病人都是在民族解放军的卫生所里诊治的。

---

① 出现这种错乱的背景，从多个层面看都“相当有趣”。在他的国家宣布独立几个月后，他结识了一些过去占领国的侨民，他觉得他们很友好。那些男男女女为独立欢呼，毫无保留地向爱国者在民族解放斗争中展现的勇气致敬。这个战士一时间感到眩晕。他不安地自问，在那些被炸死的人当中，是否有和他的对话者一样的人？当然，成为攻击目标的咖啡馆是公认的种族主义者的老巢，但任何人都有权在经过这家咖啡馆时进去消费。从他第一次感到眩晕的那天起，他就避免去想过去的事。然而出人意料的是，在关键日期的前几天，最初的精神错乱出现了。此后，精神错乱有规律地重复出现。

换句话说，我们过去的行为不会停止纠缠我们。行为的安排、组织、动机在“事后”完全有可能发生彻底改变。这不正是历史及其多种决定为我们设下的最微不足道的陷阱之一吗？但我们能躲过眩晕吗？谁敢扬言，自己这一生当中都没有被眩晕折磨过？

A系列

该系列收集了五个病例。主要涉及阿尔及利亚人或欧洲人，在经历一些明确的事件后，他们都表现出反应性精神错乱。

1号病例：一个因妻子被强奸而患阳痿的阿尔及利亚人

B是个26岁的男性。他因患顽固的偏头疼和失眠症，经民族解放阵线的卫生部门介绍，来找我们看病。他过去是出租车司机，18岁开始在民族主义党派内活动。自1955年起，他成为民族解放阵线的支部成员。他好几次利用出租车运送传单给一些支部负责人。随着镇压形势的恶化，民族解放阵线决定在城市中心发起战争。B当时负责把突击队运送到攻击点附近，并常常要等着接他们回来。

然而有一天，在城市中心的欧洲人聚居区，他们组织了一次相对重要的行动，由此引发了力度极大的封锁，他被迫抛弃自己的出租车，突击队员也就地解散。B成功逃出了敌人的封锁，躲在一个朋友家里，几天后，他听从组织负责人的命令，没有回家，而是加入了最近的游击队。

他几个月都没有妻子和20个月大的女儿的消息，只知道警察在城里搜捕了他好几个星期。在游击队待了两年以后，他收到了妻子的信，要他忘了她，因为她已经被玷污了，让他不用再惦记着回去和她一起生活了。他十分焦虑，请求指挥官允许他秘密回家一趟。这个请求被拒绝了。但指挥官也没有撒手不管，而是派了一个民族解放阵线的成员去联系B的妻子和父母。

两周后，B的部队指挥官收到了一份详细报告。

在发现他丢弃的出租车后（他们在车里找到两个冲锋枪弹夹），法国士兵在警察的陪同下找到他家。发现他不在，他们就把他的妻子带走了，扣押了一个多星期。

她受到审讯，要她供出丈夫经常来往的人，并在前两天遭受了相当粗暴的掌掴。第三天，一个法国军人——她不能确定是不是军官——叫其他人出去，强奸了她。过了一会儿，第二个人当着其他人的面强奸了她，同时对她说："如果有一天，你再见到你那下流的丈夫，不要忘了告诉他，我们对你做的好事。"她又被扣押了一周，没有受到新的审讯。然后他们把她送回家。她把自己的经历告诉母亲后，母亲劝她向B坦白一切。因此她一联系上丈夫，就向他坦白，自己受到了玷污。

B在最初的震惊过后，由于不断参加行动而恢复了理智。几个月里，他听到阿尔及利亚妇女被强奸、受折磨的种种故事；有时也会遇到一些妻子被强奸的丈夫，于是，他本人的不幸，他作为丈夫受辱的尊严，都退居次要地位。

1958年，他奉命驻外。他归队时表现出一种不同寻常的恍惚和失眠，令他的战友和上级十分担心。他们推迟了他下次行动的出发时间，要他去看医生。我们就是在这时见到他的。初步接触情况良好。他脸上有表情，甚至可能有些过多。微笑略显夸张。他表面上十分愉悦："行了……行了……我现在觉得好多了。给我开一些补药、维生素，让我归队。"但这种愉悦的背后显然隐藏着深深的不安，他被立刻收治入院。

从第二天开始，他乐观的表象就消失得无影无踪。我们面前的病人意气消沉，若有所思，食欲不振，卧床不起。他逃避一切政治话题，明显表现得对有关民族斗争的事都漠不关心。他不想听到有关解放战争的消息。找出他的症结相当费力，但几天之后，我们总算知道了他的故事。

驻外期间，他曾经尝试过一次性行为，却失败了。他认为是疲劳所致，在营养不良的时期又经历急行军，这是完全正常的。两个星期以后，他又尝试了一次，还是失败。他把这件事告诉了一个战友，后者建议他服用维生素B_{12}。他服用了药片。又尝试了一次，还是失败。此外，在性行为之前，他克制不住想撕掉一张他小女儿的照片。这种象征性的联系会让人联想到无意识的乱伦冲动。然而在和他谈了几次，听他讲述一个梦（病人梦见一只小猫很快腐烂，并散发出难闻的臭气）之后，我们被引到另外的方向。一天，他对我们说："这个女孩（指他的小女儿）身上有些东西在腐烂。"从那时起，他的失眠症变得十分痛苦，尽管我们用了大剂量的安定，病人还是发展出一种焦虑性兴奋状态，我们部门因此极为不安。就在那时，他第一次和我们谈起了他的妻子，他笑着对我们说："她尝过法国人的味道。"直到这时，我们才得以串起整个故事。事件的来龙去脉清楚了。他告诉我们，他在每次尝试性行为之前，都会想到他的妻子。他吐露的所有隐情对我们来说都至关重要。

"跟这个女孩结婚时，我爱的是我的表妹。但表妹的父母安排她嫁给了另一个人。于是我接受了父母为我找的第一个女人做妻子。她温柔体贴，但我不爱她。我总是对自己说：你还年轻……再等等，当你找到对的人，就离婚，再组一个幸福的家庭。因此我对我的妻子几乎没有感情。随着战争的发展，我越发疏远她了。到了最后，我回家就是吃饭睡觉，几乎不跟她说话。

"在游击队，当我得知她被法国人强奸了，我一开始是对那些恶棍感到愤怒。后来我对自己说：'幸好事情并不严重，她没死，还可以重新过日子。'好几个星期以后，我才意识到，她之所以被强奸，是因为'他们在搜查我'。

事实上，他们就是为了惩罚她不开口招供才强奸她的。她完全可以供出至少一个战士的名字，他们会以这个名字为缺口，找到并摧毁组织，甚至有可能逮捕我。这不是普通的强奸，就像我在乡下看到的，因为闲着无聊或天生下流所犯下的强奸。这是在强奸一个倔强的女人，她为了不出卖自己的丈夫，愿意接受一切。而这个丈夫，‘就是我’。这个女人救了我的命，保护了组织。她被玷污是因为我。可她没有对我说：‘看看我为你遭的罪。’相反，她说的是：‘忘掉我，重新过你的生活，我被玷污了。’

“从那一刻起，我决定在战后与妻子重归于好。因为我必须告诉你，我见过农民眼睁睁地看着妻子被强奸，然后擦去她们脸上的泪水，这让我深受震撼。我要承认，起初我并不理解他们的态度。但我们不得不越来越多地介入这些事，向老百姓解释。我见过老百姓自愿娶一个被法国军人强奸后怀孕的女孩。所有这一切都引导我重新思考我妻子的问题。

“我决定跟她重归于好，可我不知道再见到她时，我会作何反应。而且我常常在看我女儿的照片时，会想她也被玷污了，就好像来自我妻子的一切都是腐烂的。要是他们拷打她，敲碎她所有的牙，打断她的一条胳膊，对我来说都没有任何影响。但这件事，我们能忘掉吗？而且她就非得要告诉我吗？”

于是他问我，在我看来，他的“性无能”是不是他的烦恼引起的。

我回答：“这不是不可能。”

他在床上坐起身：

“如果是你碰到这种事，你会怎么办？”

“我不知道……”

“你还会要你的妻子吗？”

“我想我会的……”

“啊，你看……你也不是完全确定……”

他双手捧着脑袋，过了一会儿，离开了房间。

从那天起，他渐渐愿意听到有关政治的讨论，同时偏头疼和厌食症也大有好转。

两周后，他在回部队前对我说：

“独立了，我要去找我的妻子。如果还是不行，我会去阿尔及尔找你看病。”

2号病例：一个集体屠杀事件幸存者的随机杀人冲动

S，37岁，农民。他住在康斯坦丁的一个村子里，从未涉及政治。战争一开始，他所在的地区就是阿尔及利亚部队和法国军队激烈交火的地方。因此，S有时会见到死人和伤员，但他继续做一个旁观者。他村里的农民则像全体人民一样，会时不时地帮助路过的阿尔及利亚战士。

1958年初的一天，村子不远处发生了一起伏击事件，造成了伤亡。敌军策划了一次行动，包围了村子，村里没找到一个士兵。所有村民被集中起来，接受审问。没有人回答。几个小时以后，一个法国军官从直升机上下来，说："这个村子太不让人放心了，毁了吧。"士兵们开始放火烧房子，妇女们见状，想要冲回去捡几件衣服，或抢救一些存粮，都被士兵用枪托打了回来。一些农民趁乱逃跑了。军官下令把剩下的男人集中起来，带到一条河边，开始了大屠杀。29个男人被枪顶着杀害了。S也受了伤，两颗子弹分别贯穿了他的右大腿和左臂，左臂的伤口造成他的肱骨碎裂。

S晕了过去，醒来时，发现自己被民族解放阵线的一队战士救了。他在卫生所接受治疗，刚能行走，就被护送着撤离。在路上，他的行为越来越反常，不断令护卫队担心。他是个平民，还残疾了，却想要一把枪，而且拒绝走在任何人前面。谁也不能走在他后面。一天夜里，他抢走了一名战士的武器，笨拙地想要向睡着的士兵开枪。他被相当粗暴地制服。自此，他的双手被捆，就这样被送到了治疗中心。

起初他对我们说，他没有死，他把他们耍了一圈。渐渐地，我们知道了他死里逃生的故事。S并不焦虑，而是过于兴奋，间歇处于激烈的烦躁状态，伴随着嘶吼。他很少打碎东西，但总是喋喋不休，令所有人疲惫。医院里始终处于戒备状态，因为他宣称要“杀死所有人”。住院期间，他拿起手边的东西做武器，袭击了将近 8 个病人。护士和医生也不能幸免。我们甚至以为，面前的病例是非典型性的癫痫发作，其特征为几乎总是处于亢奋状态的普遍性挑衅。

我们使用睡眠疗法。从第三天开始，每天的谈话使我们得以更好地了解病理过程的动力。病人思维紊乱的情况得以显著改善。以下是从病人陈述中摘录的一些话：

“真主与我同在……他没有与那些死去的人同在……我的运气见鬼得好……活着，要不被杀，就得杀人……我以前竟然对他们的来历一无所知……我们当中有法国人。他们伪装成阿拉伯人，要把他们都杀死。给我一支冲锋枪。所有人都声称自己是阿尔及利亚人，可其实他们都是法国人……他们让我不得清静。我刚要睡，他们就走进我房间。但现在，我认识他们了。所有人都想杀我，可我会反抗。我会把他们无一例外全都杀掉。我要把他们一个个都宰了，你也一样。你们想把我弄死，可你们得另想办法了。干掉你们，我不会有任何感觉。小孩、大人、女人、孩子、狗、鸟、驴……大家都会轮到……之后，我就可以安心睡觉了……”

所有这些话都是断断续续说的，病人的态度始终是敌对、傲慢、轻蔑的。

三周后，病人的兴奋状态消失，变得沉默不语，出现某种孤独倾向，让我们担心他的病情会变得更严重。然而一个月后，他要求出院，学习一门更适合他现在残疾状态的手艺。于是我们把他交给民族解放阵线的社会服务部门。六个月后复查，情况良好。

3号病例：在激情杀害一个女人后患人格解体障碍的重度焦虑精神病

Dj过去是大学生，19岁加入民族解放阵线。他到中心时，已经患病几个月了。他的表现很有特点：极度虚弱，嘴唇干燥，手心总是潮湿，不断叹气导致胸口起伏，顽固失眠。自从精神错乱开始，他曾两次企图自杀。谈话时会出现幻听现象。有时目光盯住空气中的某个点，停留一段时间，与此同时，面部表情生动，给观察者一种他在看戏的印象。他的思想不连贯，出现了一些在精神病学上被称为中断的现象：一个手势或一句话毫无原因突然中断。但有一件事特别引起我们的注意：病人在谈话中说他在流血，说他动脉里的血都流空了，心脏也数度停止跳动。他请求我们为他止血，不让人闯进医院来“放他的血”。有时他说不出话，便要一支铅笔，写道：“我说不出话了，我的整个人生都完了。”他所患的人格解体障碍，让我们相信他的病情已经发展到了极为严重的地步。

在谈话中，病人好几次说起一个女人会在夜里来迫害他。之前我们就知道，他的母亲过世了，他很爱他的母亲，什么都无法抚慰他的丧母之痛（说到这里，他音量骤减，并且流了一些眼泪），我就把调查引向母亲的形象。我要他描述一下这个对他纠缠不休，甚至迫害他的女人。他宣称那不是个陌生人，他十分熟悉她，因为杀了她的人正是他自己。问题就此出现：我们面对的，是否为一个在母亲去世后无意识地产生罪恶感情结的人？就像弗洛伊德在《哀悼与抑郁》（*Deuil et mélancolie*）这篇论文中所描述的那样。既然病人说他十分熟悉这个女人，也是他杀死了这个女人，我们就要求病人具体展开来说一说。于是，我们知道了下面的故事。

“我从念大学的城市上山加入游击队。几个月后我收到家里的消息。母亲被一个法国士兵用枪口顶着杀害了，我的两个姐妹被带去军营。直到现在，我也不知道她们怎么样了。母亲的去世使我大为震动。我父亲已经去世好几年了，我是家里仅剩的男人，而我唯一的志向，是有朝一日能做出一些成就，让母亲和两个姐妹过上好日子。一天，我们进入一个殖民者的产业，那儿的经理是活跃的殖民主义者，已经杀害了两个阿尔及利亚平民。我们摸黑找到他家，可他不在。家里只有他的妻子。她看到我们，就开始乞求我们别杀她，说：‘我知道你们是来找我丈夫的，可他不在家……我跟他说过多少次了，让他不要掺和政治。’我们决定等她丈夫回家。可我看着这个女人，就想到了我母亲。她坐在一张扶手椅上，似乎在分心想事情。我心想，为什么我们不杀了她。就在这时，她发现我在看她。她扑到我脚下，高声说：‘我请求你们……别杀我……我还有孩子。’过了一会儿，她死了。我用刀杀了她。长官卸了我的武器，下令出发。几天以后，我被分区首长审讯。我以为自己会被处决，但我不在乎。[①] 接着我开始在饭后呕吐，睡不好觉。再后来，这个女人每晚来向我要血债。可我母亲的血债又上哪要去？”

每当夜幕降临，病人一躺下，房间里就“挤满了女人”，都是同一个模样，那是同一个女人的不同分身。她们的肚子上都有一个破开的大洞。她们失血、苍白，瘦得可怕。这些女人纠缠着这个年轻的病人，要他血债血偿。这时，房间里响起流水声，声音越来越大，让人联想起瀑布的轰鸣声，年轻的病人看到房间的地板浸在血泊中，那是他的血，与此同时，那些女人的脸色变得越来越红润，她们的伤口也开始愈合。病人浑身冒汗，在极度恐慌中醒来，辗转直到天亮。

年轻的病人经过几个星期的治疗，梦样（噩梦）现象几乎完全消失，然而他的人格中还有一个巨大的缺陷。每

---

① 经法医鉴定，证实了行为的病理学性质，民族解放阵线的参谋部决定对他不予起诉。

当他想起母亲，这个被开了膛的女人就会一秒不差地同时出现。虽然这么说不太科学，但我们还是认为，只有时间能最终改善这个年轻人的人格解体障碍。

4号病例：一名抑郁的欧洲警察，在医院碰到被他加害而患木僵症的阿尔及利亚爱国分子

A，28岁，已婚，无子女。我们得知他和他的妻子为了要孩子，已经看了好几年的病，却始终未奏效。他的上级介绍他到我们这来治疗行为紊乱。

初步接触的情况还不错。病人主动和我们谈起了他的困难，说他和他的妻子以及岳父母关系融洽。他和同事相处和睦，受到上司的器重。他的烦恼是每到夜里都会听到叫喊声，让他无法入眠。他告诉我们，事实上，最近几个星期，他都会在睡前把百叶窗关上，甚至塞好窗户的缝隙（当时是夏天），他的妻子被热得透不过气来，对他怨气冲天。此外，他还用棉花塞住耳朵，来减轻叫喊声的刺耳度。为了让自己听不到这些夜间的叫喊声，有时候他还会在半夜打开收音机，或播放音乐。后来，A向我们详尽讲述了他的悲剧。

几个月前，他被编入一个反民族解放阵线的特警队。起初，他只负责监视几座大楼或咖啡馆。但几周后，他几乎总是在警察局上班，也因此开始参与审讯工作。这种工

作从来少不了“推搡拉扯”，“因为他们什么也不肯承认”。

他解释说：“有几次我们真想对他们说，可怜可怜我们吧，直接开口说话，别逼得我们花好几个小时，逐字逐句地从他们嘴里掏情报。可他们就是不听。无论问他们什么问题，他们都回答‘我不知道’。甚至问他们的名字，他们也这么回答。我们问他们住在哪里，他们回答‘我不知道’。所以当然……我们不得不动手，可他们叫得太厉害了。一开始我觉得好笑，后来我就开始心神不定。今天，只要听到叫喊声，我就可以告诉您，那人因为什么叫喊，审讯进行到了什么阶段。在耳后挨两拳和一记警棍的小伙会用某种方式说话、叫喊，嚷嚷着他是无辜的。把手捆在一起被吊了两个小时以后，会变成另一种声音。水刑过后，又是另外一种。以此类推。但是电刑以后，人往往就扛不住了。我们可以说，这家伙随时可能会死。当然也有不吭声的人：那都是硬汉。但他们以为我们会立马杀了他们。可我们对杀了他们不感兴趣。我们需要的是情报。对付这些人，我们会先想办法让他们叫出声来，这是早晚的事。一旦他叫出声来，对我们来说就已经是一种胜利了。然后我们继续。要注意，其实我们也不想这么干，可他们让我们别无选择。现在，我在自己家里竟然也听到那些叫喊声了。尤其是那些死在警察局里的人的叫喊声。医生，我对这活儿厌烦透顶。如果您把我治好了，我就要求调回法国去。如果他们拒绝，我就辞职。”

面对这种情况，我开了一张病假条。由于病人拒绝住院，我以私人名义为他治疗。一天，快到诊疗时间的时候，我被医院召回去急诊。A到了以后，我妻子请他在家里等我，但他说宁可到医院转一圈，在那和我碰头。几分钟后，我在回家的路上遇到了他。他靠在一棵树上，一副精疲力竭的样子，浑身发颤，满头大汗，显然是恐慌症发作了。我让他上车，把他带回我家。他一躺到沙发上就告诉我，他在医院里碰到了我的一个病人，此人在警察局受过审讯（那是个阿尔及利亚爱国分子），正在医院因“木僵型创伤后压力症候群”接受治疗。于是我知道，这个警察有份参与对那个病人的严刑拷打。我给他服用了几片镇静剂，缓和他的焦虑……他走后，我回到住院部，想找到那个爱国分子。医护人员一无所觉，病人却不见了。最后我们在一间盥洗室找到他，他正企图自杀（病人也认出了那个警察，以为警察是来把他带回警察局的）。

后来，A又来我这看了好几次，病情明显好转之后，便以健康为理由调回国去了。至于那个阿尔及利亚爱国分子，医务人员花了很长时间说服他，那只是个幻觉，警察不能到医院来抓人，他只是太累了，他就是来治这个病的云云。

5号病例：一个折磨自己妻子和孩子的欧洲警探

R，30岁，自己主动来找我们看病。他是个警探，几个星期前就察觉自己“出了毛病”。他已婚，有三个孩子。他烟抽得很凶，每天要抽五包。他胃口不好，睡觉经常做噩梦。这些噩梦没有什么具体特征。让他备受困扰的，是他自己称之为“疯病发作”的状态。首先，他不喜欢被人顶撞：“医生，您给我分析分析是怎么回事。我一碰到反对我的人，就想揍他。甚至在工作之外，谁挡了我的路，我就想揍谁。都是些鸡毛蒜皮的事。喏，例如我去报刊亭买报，人很多，那肯定要排队。我伸手去拿我想要的报纸（报刊亭老板是我哥们）。队伍里有人用略带挑衅的语气说：‘别插队。’好了，我就想揍他了。我在心里想：‘小老头，你要是落在我手里，只要几个小时，你就不会这么想要装大佬了。’”他不喜欢噪音。在家里，他想揍所有人，随时都想揍人。实际上，他打自己的孩子，甚至连只有20个月大的孩子也照揍不误，而且下手相当粗暴。

但最让他惊恐的是，有天晚上，他妻子语气很冲地批评他打孩子打得太过分了（甚至对他说：“我发誓，你已经疯了……”），他就扑过去打了她，把她绑在一张椅子上，对她说：“我要你永远都忘不了，我才是这个房子的主人。”

幸好孩子们开始大哭大叫。他才意识到自己的行为有多么过分，就给妻子松了绑，决定第二天去看一个“专治神经”的医生。他明确指出“以前（他）不是这样的”，他很少体罚孩子，而且无论如何也不会和妻子吵架。这些现象是在那些“事件”之后出现的。他说：“因为我们现在是在干步兵干的活。比如上周，我们就像是部队里的士兵一样执行任务。这些政府里的老爷说阿尔及利亚没有战争，武装力量，也就是说警察，应该维持秩序。可阿尔及利亚有战争，等他们意识到这一点的时候，就已经太晚了。我最受不了的是严刑逼供。您知道这是怎么回事吗？……有几次我一连拷问了十个小时……”

“您对严刑逼供有什么感觉?”

“感觉就是累啊……确实大家可以轮换，但问题在于什么时候轮换。每个人都觉得自己马上能获得情报了，特别提防把煮熟的鸭子拱手让给别人，让别人捡了便宜。于是，我们放手……或不放手……

“有时候，我们甚至会用金钱诱惑受审的家伙，用我们自己的钱诱惑他开口招供。其实对我们来说，问题在于：你能否让这个家伙开口？这涉及个人成就问题；大家都在竞争……最后大家打人打得筋疲力尽。于是我们就用那帮‘塞内加尔人’。可他们要么打得太凶，不到半个小时就把人打坏了；要么打得太轻，没什么效果。要让审讯成功，就要动用智慧。要知道什么时候紧逼，什么时候放松。这是个直觉问题。当那家伙差不多了，就不用继续拷打。这也是为何这工作我们必须自己来做：能够更好地观察进展。我反对找别人来打，而自己只是每个小时进来看看进度。特别要注意，不能给人留下没办法从你们手里活着出去的印象。他会想，横竖都是一死，那何必还要开口呢？在这种情况下，你就不可能从他嘴里再榨出什么东西了。应当让他抱有希望：希望能让他开口。

“最让我烦心的是我打妻子的事。这当中一定有什么地方出了问题。医生，必须给我好好治一治。”

他的部门不允许他休息，况且，病人也不想要精神科医生开的证明，于是他的治疗是在“全职”的情况下进行的。我们能轻易猜到这种治疗方法的弱点。此人完全知道，自己所有的精神错乱问题都是由审讯室里开展的活动直接导致的，尽管如此，他还试图把责任完全推到“事件”头上。由于他不考虑（这没有意义）停止拷问（否则就必须辞职），他直截了当地要我帮助他，让他能够心平气和地拷问那些阿尔及利亚爱国分子，而不会遭受良心的谴责，也不会产生行为的紊乱。①

---

① 在这个病例中，我们可以观察到一套逻辑严密的系统，任何事物都不可能完好无缺。刽子手喜爱小鸟，安静地倾听交响乐或奏鸣曲，这只是他的一个阶段。稍后，他又会完完全全回到彻底、绝对的虐待狂生存模式。

B系列

该系列收集了几个或几组病例，其诱发事件首先是在阿尔及利亚蔓延的全面战争气氛。

1号病例：两个13岁和14岁的阿尔及利亚少年杀害他们的欧洲玩伴

此案例来自一份法医鉴定报告。两个阿尔及利亚少年，分别是13岁和14岁，都是同一所小学的学生，被指控杀害了他们的一个欧洲同学。他们承认了罪行。还原现场以后拍下的照片也被放在档案里。在照片上，我们可以看到一个孩子抓住受害者，另一个孩子则用刀捅受害者。两个年幼的嫌犯没有翻供。谈话记录很长。我们在此转载部分特殊的供述。

A）13岁少年的供述

“我们没跟他闹翻。每周四，我们都会到村边的山上用弹弓打鸟。他是我们的好朋友。他已经不上学了，想和他父亲一样当个泥瓦工。有一天，我们决定杀了他。因为那些欧洲人，他们要杀死所有阿尔及利亚人。我们没办法杀死那些‘大人’。可他和我们一样大，我们能杀了他。之前我们不知道怎么杀人。我们本来想把他扔进沟里，但那样他可能只受点伤，所以我们从家里拿了把刀，把他杀死了。”

“为什么要选他?”

“因为他跟我们一起玩。别人不会跟我们上山。”

“可他不是你们的朋友吗?”

“那为什么他们想要杀死我们? 他爸爸是个民兵，说要把我们都宰掉。”

“可他没对你们说过这种话吧?”

“他? 没有。”

“你知道他现在死了吗?”

“知道。”

“死亡是什么?”

“就是生命完结了，人升天了。”

“是你把他杀死的吗?”

“是的。”

“杀死一个人会让你困扰吗?”

“不会，是他们要杀我们，所以……”

“你不怕坐牢吗?”

“不怕。”

B) 14 岁少年的供述

这个年轻的嫌犯和他的同学形成鲜明对比。他几乎已经是个男人的样子了，在肌肉控制、面部表情、说话口吻和回答的内容方面，都表现得像个大人。他同样没有否认自己的罪行。为什么要杀人？他没有回答这个问题，反而问我有没有见过欧洲人蹲监狱。有没有一个欧洲人在杀害阿尔及利亚人之后被抓进监狱的？我回答他，我确实没有见过欧洲人蹲监狱。

“然而每天都有阿尔及利亚人被杀害，不是吗?”

“是的。”

“那么，为什么蹲监狱的只有阿尔及利亚人呢？您能不能给我解释一下?”

“不能。可你为什么要杀害这个男孩？他不是你的朋友吗?”

“我来给你解释……您听说过里韦[①]事件吗?”

“听说过。”

“那天，我的两个亲戚在那儿被杀害了。我们这儿都

---

① 里韦（Rivet），一个村子，从 1956 年的某一天起，在那里发生的事震惊了阿尔及尔地区。一天晚上，法国民兵入侵这个村子，把 40 个男人从床上拖下来，全部杀死。

说，法国人发誓要把我们一批接一批全部杀光。我们有见过哪一个杀害所有这些阿尔及利亚人的法国人被捕吗?”

“我不知道。”

“事实是，没有人被捕。我啊，我想上山打游击，可我年纪太小了。所以我对 X 说，我们必须杀死一个欧洲人。”

“为什么?”

“在您看来，我们应该怎么办?”

“我不知道。但你是个孩子，那些事发生在大人身上。”

“可他们连小孩也杀……”

“但这不是你杀害朋友的理由。”

“好吧，我就是杀了他。现在，你们想干什么就干什么吧。”

“是不是这个朋友招惹你了?”

“没有，他什么也没招惹我。”

“那为什么? ……”

“就是这样……”

2 号病例：一名 22 岁的阿尔及利亚青年患被害妄想症，且以“恐怖活动”伪装其自杀行为

病人是由法国司法当局指定来就医的。一些法国精神病专家在阿尔及利亚进行法医鉴定之后做了这个决定。

这名男子身形消瘦，处于完全的意识模糊状态。他身上布满瘀斑，下颌骨的两处骨折使他无法吞咽任何食物。因此，两周期间，我们不得不为他注射各种营养液。

两周后，意识模糊症状缓解，可以建立联系，我们得以了解这个年轻人的悲惨经历。

少年时，他以罕见的热情参加童子军活动，还成了穆斯林童子军运动的主要负责人之一。但从 19 岁开始，他把童子军活动彻底抛之脑后，一心专注于自己的事业。作为机械操作员，他以坚韧不拔的精神学习，梦想着有朝一日能成为行业内的顶尖专家。1954 年 11 月 1 日①，他全神贯注于职业问题，对身边的民族斗争没有任何反应。他与老同学已经不再来往。他描述那个时期的自己为“带着一种使命感钻研技能”。

然而，1955 年年中，在一次夜晚的家庭谈话中，他突然感觉自己被父母视作叛徒。几天后，这种瞬时的印象渐渐淡化，但他仍陷入一种难以理解的焦躁与不安。

于是他决定加快用餐的速度，逃离家庭氛围，把自己关在房间里，避免一切接触。就是在这种情况下，悲剧从天而降。一天中午 12 点半左右，他走在街上时，清楚地听

---

① ［译注］1954 年 11 月 1 日，阿尔及利亚民族解放阵线开始武装反抗法国统治，阿尔及利亚民族解放战争正式打响。当日凌晨，游击队在境内多地袭击军事设施、警哨、货仓、通信设施及公共设施。民族解放阵线开始时仅有数百名武装人员，到 1957 年已发展为一支近 4 万人的武装部队。

到一个声音骂他是懦夫。他转过身，没见到任何人。他加快脚步回家，决定不去工作了。他待在自己的房间里，不吃饭。晚上，精神危机爆发了。三个小时里，他听见各种谩骂声，他的脑海里、黑暗中回荡着一些声音："叛徒……懦夫……所有那些死去的兄弟……叛徒……叛徒……"

难以言喻的焦躁席卷他全身："整整 18 个小时，我的心跳达到每分钟 130 下，我以为自己就要死了。"

此后，病人咽不下任何东西。他肉眼可见地消瘦了，把自己关在一片完全的黑暗中，拒绝给父母开门。快到第三天的时候，他开始祈祷。他告诉我，他每天跪着祈祷 17 至 18 个小时。第四天，他冲动得"像个疯子"，"胡子也乱糟糟的会让人以为是个疯子"，没穿外套，也没打领带，他冲出门。在街上，他漫无目的地走着。走了一段时间以后，他发现自己到了城里的欧洲人聚居区。他的相貌（他长得像欧洲人）似乎使他免遭法国巡逻队的询问和检查。

可与此同时，在他身边，一些阿尔及利亚男女却被拦下、被推搡、被辱骂、被搜查……讽刺的是，他身上没带任何证件。敌方巡逻队这种自发的亲切，在他看来，正印证了他的谵妄："所有人都知道他是法国人那一边的。法国士兵也奉命让他自由行动。"

此外，被拦下的阿尔及利亚人双手放在颈后，等着被搜身，他感到他们向他投来的目光充满蔑视。难以抑制的烦躁使他大步离开现场。就在这时，他发现自己走到了法国参谋部大楼前。在栅栏前，几个士兵手持冲锋枪对着他。他走过去，扑向其中一个士兵，一边抢他的冲锋枪，一边大喊：“我是阿尔及利亚人。”

他很快就被制服，被带到警察局。局里对他严刑拷问，要他供出领导人和所属分部其他成员的名字。几天后，警察和士兵才发现，他们是在和一个病人打交道。精神鉴定的结论是，存在精神错乱，建议住院。他对我们说：“我就是想死。甚至在警察局里，我相信也希望他们会在拷打完之后把我杀死。我很高兴挨打，因为这证明他们也把我当作敌人。我不用再听着那些指责却无法反驳了。我不是懦夫。我不是女人。我不是叛徒。”①

3号病例：一个法国姑娘的神经症倾向，她父亲是高级公务员，死于一场伏击

这个21岁的姑娘是个大学生，来找我看焦虑型神经症，尽管症状轻微，但已经影响到她的学业和人际关系。她的手心总是潮湿出汗，有时症状严重到干扰日常生活，汗水“从她手中流出”。胸部有压迫感，伴随着夜间偏头痛。她有啃指甲的习惯。但引起我们注意的是，与她建立

---

① 1955年间，此类病例在阿尔及利亚特别多。不幸的是，并非所有病人都能入院治疗。

联系十分容易，甚至明显过快，由此可以感受到她内心隐藏的极度不安。根据日期推算，她的父亲刚刚去世，她对此却相当轻描淡写，我们很快将调查转到她和父亲的关系上。她对我们的讲述十分清楚，完全地坦白，坦白到近乎冷漠，恰恰是这种理性主义，揭示了这个姑娘的精神错乱，及其内心冲突的性质和起因。

“我父亲是个高级公务员。他负责管辖一大片农村地区。自事件爆发以来，他大为光火，愤怒地追捕阿尔及利亚人。有时候，他不吃也不睡，这让他亢奋，进一步投身于对叛乱的镇压。我眼睁睁看着父亲慢慢变成另一副模样，却什么也做不了。最后我决定留在城里，不再回农村看望父亲。事实上，每当我留在家里，我都彻夜难眠，因为叫喊声从下面传到我的房间里，不断折磨着我：在地窖和挪作他用的房间里，有人在拷打阿尔及利亚人，让他们供出情报。你们无法想象，整夜听见这样的叫喊声有多么可怕。有几次我寻思，一个人怎么能忍受这些，我不是说拷打，仅仅是说听着那种痛苦的叫喊声。这种情况持续着。最后我干脆不回家了。我父亲很少来城里看我，少有的那几次，我都没法正面看他，因为我感到无比的不安和害怕。拥抱父亲这个动作对我来说变得越来越困难。

“因为我在农村住了很久，我认识那的几乎所有人家。那些和我同龄的阿尔及利亚青年，我们小时候还一起玩耍。每次我回家，父亲总会告诉我他最近逮捕了哪些人。最后，我不敢上街了，因为我可以肯定，到处都会看到仇恨的目光。在心底，我认为阿尔及利亚人是对的。如果我是阿尔及利亚人，我也会加入游击队。”

然而有一天，她收到一封电报，通知她父亲受了重伤。她赶去医院，发现父亲已经昏迷不醒。不久后，他就去世了。她父亲是和一队军人执行侦察任务时受的伤：巡逻队中了阿尔及利亚民族军的埋伏。

她说：“葬礼让我恶心。所有来给我父亲吊唁的军官，那些说我父亲的‘高尚品格征服了当地居民’的人，都让我恶心。所有人都知道那是假话。谁不知道我父亲指挥整个地区的审讯中心？他们知道因严刑拷打而死亡的人数已经达到每天 10 人，却在这满嘴谎言，说什么忠诚、忘我、爱国，等等。我要承认，这些话对我来说已经没有价值了，至少没有多大价值了。葬礼以后，我马上回到城里，避开所有当局的联系。他们提出要给我抚恤金，我拒绝了。我不想要他们的钱。这是我父亲流血丧命的补偿。我不想要。我会去工作。”

4 号病例： 10 岁以下阿尔及利亚少年的行为错乱

这些病例都是难民。他们是被法国人杀害的战士或平民的儿子，被安排在突尼斯和摩洛哥的不同中心。这些孩子被安排上学，学校会组织游戏和集体外出活动。孩子们定期接受医生的跟踪调查，因此我们才有机会接触其中的一些孩子。

A）在不同孩子身上都能发现对父母形象的强烈依恋。他们执着地寻找所有像父亲或母亲的东西，并小心翼翼地保存起来。

B）在他们身上能普遍观察到对声音的恐惧。最轻微的斥责也会让他们惶惶不安。他们十分渴望平静和爱。

C）许多孩子失眠，同时患有梦游症。

D）周期性尿床。

E）虐待倾向。孩子们常玩的一种游戏，是在一张绷紧的纸上狂乱地戳出许多洞。他们都有咬铅笔、不安地啃指甲的习惯。尽管彼此相当友爱，他们之间也常常爆发争执。

5号病例：女难民的产褥期精神病

我们把妇女在生育期间突然出现的精神错乱称为产褥

期精神病。这些错乱可能在产前或生产几周后发作。导致病症发生的因素非常复杂，但我们估计主要有两个原因：一是内分泌系统功能失调，二是“情感冲击”。后者的概念虽然模糊，却包括了大众称之为“强烈情感”的因素。

在突尼斯和摩洛哥的边境上，自从法国政府决定在几百公里的土地上实行焦土政策、设立缓冲地带以来，将近30万人沦为难民。我们知道他们生活困苦。国际红十字会多次派人到现场考察，发现他们生活在极度贫困和不稳定的生活条件中，便建议各国际组织加强对这些难民的援助。因此可以预见，在难民营普遍存在营养不良的情况下，怀孕的妇女特别容易出现产褥期精神病。

法国部队采用“穷追猛打”战略，频频出动飞机空袭和机枪扫射。我们知道法国军队对摩洛哥和突尼斯领土的轰炸已经不计其数，受害的萨基埃-西迪-尤素夫村①就是其中最血淋淋的例子。集体逃难使得家庭支离破碎，使难民头上始终笼罩着不安全的气氛。我们不得不承认，阿尔及利亚女难民鲜少有在产后不患精神错乱的。

这些错乱有好几种类型。或是烦躁不安，有时可能表现为暴怒；或是难以消除的深度抑郁，多次企图自杀；或

① ［译注］1958年2月8日，一个法国空军中队轰炸了阿尔及利亚民族解放阵线驻扎在突尼斯边境萨基埃-西迪-尤素夫村（Sakiet Sidi Youssef）的营地，导致70名平民死亡，80人受伤。此次事件引发国际舆论的普遍关注，美国和英国借机施压，要求法国撤离北非。更重要的是，此次轰炸成为法国第四共和国倒台、戴高乐将军重新掌权的导火索。

是伴随着哭泣、哀嚎、祈求神灵大发慈悲等行为的焦虑状态。同样，谵妄的内容也是多种多样的。或是一种模糊的被害妄想，觉得所有人都可能加害自己；或是带有攻击性的谵妄，以为法国人要杀掉她们肚子里的孩子或新生儿；或是一种死亡临近的谵妄，病人苦苦哀求看不见的刽子手饶了她们的孩子……

这里还必须指出，这些谵妄的基本内容不会因为我们注射镇静剂或错乱症状得到缓解便一扫而空。病人即便被治愈，其身处的环境不变，这些病理学症结也还是可能会滋长。

C系列

酷刑后情感—智力的变化与精神错乱

这个系列是在受酷刑后或受酷刑期间立刻出现精神错乱，且症状多少有些严重的病人。我们将描述几个类别，因为我们发现，在对人格的浅层或深层影响上，每一种酷刑方式都对应不同的疾病症状特征。

1号类别：在无差别的酷刑或所谓的防御性酷刑之后

此处是指一些粗暴的方式，重点不在于严刑拷打，而在于让人开口说话。超过某个界限，痛苦就会变得难以忍受，这一原则在此尤为重要。目的是尽可能迅速地达到这个界限。不讲究精心设计，而是大量的、多种形式的攻击！几个警察同时拷打；四个警察团团围着，把囚犯当沙袋一样打，一个警察用香烟烫他的胸口，另一个警察拿警棍敲他的脚掌……受刑者向我们吐露了种种隐情，对阿尔及利亚人使用的某些酷刑，在我们看来特别残忍。

A）往嘴里灌水，并用肥皂水高压灌肠。[①]

B）把瓶子塞进肛门。

两种所谓“静止”姿势的酷刑：

C）犯人跪着，手臂与地面平行，手心朝上，上身和脑袋挺直。一下都不能动。在囚犯背后，一个警察坐在椅子上盯着，只要他敢动一下，就用警棍打他。

D）囚犯站着，脸对着墙，高举双臂，手紧贴墙。同样，稍微动一下，或是有一点放松，就会棍落如雨。

我们先要明确，有两类受刑者：

1）知道一些事情的人。

2）什么也不知道的人。

1）知道一些事情的人在卫生所里很少见。当然，我们不是不知道某某爱国者在法国监狱里受过刑，但我们从未见他以病人的身份来过这里。[②]

2）相反，那些什么也不知道的人经常来我们这看病。此处不涉及那些在扫荡或封锁时挨打的阿尔及利亚人，那些人也没有以病人的身份来过我们这儿。我们明确要谈

---

① 这种酷刑引发大量死亡案例。在高压灌肠后，肠黏膜多处受到损伤，引发肠穿孔。气体栓塞和腹膜炎也屡见不鲜。

② 显然此处是指一些知情的阿尔及利亚人，他们在严刑拷问下也没有招供，因为大家都很清楚，阿尔及利亚人一旦招供，很快就会被杀害。

的，是不属于任何组织的阿拉及利亚人，他们被逮捕，被带到警察局或审讯处接受盘问。

精神病症状描述

A）躁郁症：4例

病人悲伤，忧郁，意气消沉，大部分时间躺在床上，避免与人接触，但会突然发展为极度的兴奋，其含义始终让人难以理解。

B）神经性厌食：5例

这些病人的问题很严重，因为这种神经性厌食往往伴随着避免一切与他人身体接触的恐惧症。护士靠近病人，尝试接触病人，例如牵他的手，就会立刻遭到严厉拒绝。因此无法对病人实施人工进食或让他服药。[①]

C）机能不稳定：11例

我们接触到一些坐立不安的病人。他们常常孤身一人，很难接受关起门来与医生同处一室。

---

① 医护人员必须日夜轮班看护病人，做好解释工作。我们知道“稍微粗暴地对待病人”这个套路在这里是行不通的。

1号类别的受刑者身上常出现两种感受：

首先是“不公正的感受”。这些人遭受了几天几夜的无故折磨，他们身上似乎有什么东西被打碎了。其中一个受害者的经历尤为痛苦：对他严刑拷打了几天之后，警察一无所获，终于相信他们是在和一个老实人打交道，他与民族解放阵线的任何支部都毫不相干。尽管如此，一个警探还是说“别这么放走他，再收拾他一下。这样他出去以后，就会老老实实的”。①

然后是“对一切道德论题的漠不关心”。在这些病人看来，不存在所谓正当的理由。他们之所以被严刑拷打，就因为他们是弱者。因此当务之急是增强自己的力量，而不是提出有关合理性的问题。力量决定一切。

2号类别：受电刑之后

在这一类别，我们整理了一些主要受电刑的阿尔及利亚爱国者病例。以往，电刑是酷刑的一部分，但从1956年9月起，某些审讯只使用电刑。

---

① 这种预防性的酷刑在某些地区变成“预防性的镇压”。在里韦的局势总体还算平静的时候，殖民者因为不想被打个措手不及（邻近地区已经开始骚动），便决定完全消灭任何可能是民族解放阵线成员的人。单单在一天内就有40多个阿尔及利亚人被杀害。

精神病症状描述

A）局部或全身的体感异常：3 例

病人感觉浑身发麻，似乎有人在拉他的手，脑袋像要爆裂，似乎有人把他的舌头咬掉了。

B）情感淡漠，意志缺失，毫无兴趣：7 例

这些病人缺乏生气，没有主意，萎靡不振，得过且过。

C）对电的恐惧

害怕触碰开关，害怕收音机和电话。医生绝对不能提及任何有关电击疗法的字眼。

3 号类别：在注射“真理血清”（sérum de vérité）之后

我们都知道此类疗法的原理。如果病人饱受无意识的内心冲突的折磨，而谈话又无法诱导他说出来，我们就会使用化学勘探方法。其中最常用的是静脉注射戊硫代巴比妥（penthotal），目的是使病人摆脱他那似乎无法战胜的内心冲突。医生介入的目的是使病人摆脱“异物”①。然而要

① 实际上也根本算不上“异物”。这种冲突是人格积极发展的结果，不会有所谓的“异物”，倒不如说这是难以吸收的病体。

控制心理机制的逐渐解体是有难度的。我们有时会看到病情以惊人的速度恶化，或出现绝对无法解释的新症状。因此在一般的诊疗中，我们几乎已经放弃了这种技术。

在阿尔及利亚，军医和精神病科医生在警察局发现了开展实验的大好机会。如果对神经症来说，戊硫代巴比妥能清除遮蔽内心冲突的屏障，那么对阿尔及利亚爱国者来说，戊硫代巴比妥同样能粉碎其内心的政治屏障，以此获得囚犯的招供，而不需要借助电刑（医学传统要求我们尽可能地减少痛苦）。这是“心理战”的医学模式。

步骤如下。首先对病人说：“我是医生，不是警察。我是来帮你的。”就这样，几天后，医生获得了囚犯的信任。[①] 然后说：“我来给你打几针，否则你很可能会神经失常。”几天时间里，医生给他注射一些乱七八糟的药剂：维生素、强心药、安慰剂。第四天或第五天，静脉注射戊硫代巴比妥。审讯开始。

精神病症状描述

A）语言刻板症

---

① 我们在此也摘录了一些精神病科医生讲述的病例。有些“法国存在”（Présence française）团体的精神病科医生被指派去给囚犯做精神鉴定，他们习惯一开始和囚犯接触时，就声称自己和辩护律师交情深厚，声称他们两人（他和律师）会把囚犯救出去。所有在这种情况下接受鉴定的囚犯最后都被处决了。这些精神病科医生在我们面前吹嘘这种战胜“抵抗”的妙策。

病人不断重复这类句子："我什么也没说。要相信我，我没说。"这种刻板症总是伴随着焦虑不安。事实上，病人往往不知道别人是否从他嘴里套出了情报。但他害怕自己已经供出了同伴的姓名和地址，这种对捍卫的事业和对同伴的负罪感一直悲剧性地悬在他心头。无论别人如何向他保证，他没有供出任何情报，也无法使他破败不堪的意识恢复平静。

B）智力和感官知觉不清晰

病人能感知到某样物品，但无法确认物品的存在。和他说什么他都相信，不加以辨别。根本分不清真假。一切都是真的，但同时一切又都是假的。

C）对所有单独谈话的病态恐惧

病人之所以恐惧，是因为他坚信自己随时有可能重新接受审讯。

D）抑制

病人心存戒备：他逐字逐句地记下提出的问题，又逐字逐句地斟酌答案。给我们的感觉是病人几近抑制，精神迟缓，会中断句子，回到之前讲述的部分中去，等等。

很显然，这些病人坚决拒绝一切静脉注射。

4号类别：被洗脑之后

最近在阿尔及利亚有关“心理战”的讨论很多。我们在此不想对这些方法进行批判研究，只想谈一谈这些方法对精神产生的影响。在阿尔及利亚主要有两类洗脑中心。

1）针对知识分子

这里的原理是引导囚犯扮演某个角色。我们知道这种疗法来自哪个社会心理学流派。①

A）组织合作游戏

让知识分子构思与当局合作的正当理由，以此来诱导其合作。于是，知识分子被迫扮演双重身份：他是个众人皆知的爱国者，但作为预防措施，该身份又被人从游戏中剥离。组织这个游戏的目的，是从内部打击构成知识分子民族意识的各种要素。知识分子不仅自己要合作，而且被

---

① 我们知道在美国发展出一种社会心理学流派。其拥趸认为，现代人的悲剧在于个人无法再扮演一个角色，只沦为社会机制中的一个零件。因此他们提出这样的疗法：使人在真正的游戏活动中扮演一些角色，参与者可以扮演任意角色，甚至在同一天内变换不同的角色，也因此能够象征性地将自己置于无论是谁的位置上。在对工人的集体治疗上，美国工厂的职业治疗师似乎创造了奇迹。他们成功地使病人将自己认同为英雄。劳资关系的紧张得以大大缓解。

下令要与反对派或犹豫派进行“自由”讨论，并说服他们。这是一种引导知识分子将注意力放在爱国者身上，从而充当告密者的“漂亮”手段。如果知识分子宣称自己找不到反对派，他们就会指派某人做反对派，或者让知识分子假装面前有一个反对派。

B）做有关法国事业的价值和殖民化合理性的报告

为了做好这项任务，他们身边聚集了大量“政治顾问”：本地事务官，或更进一步，再加上心理学家、社会生活心理学家、社会学家，等等。

C）一一驳斥阿尔及利亚革命的论据

阿尔及利亚不是一个民族，从前不是，未来也绝不会是。

没有所谓的“阿尔及利亚人民”。

阿尔及利亚的爱国主义是无稽之谈。

“费拉加”[1] 都是野心家、罪犯、上当受骗的可怜虫。

每个知识分子都必须轮流做一个有关这些主题的报告，报告必须有说服力。每月底会给他们打分和统计（臭名昭著的“奖励”）。这些分数是决定是否释放该知识分

① ［译注］费拉加（fellaga），阿尔及利亚或突尼斯反抗法国殖民统治、争取国家独立的游击队。

子的评估材料。

D）过完全病态的集体生活

单独活动被视作一种反叛行为，始终要和别人集体行动。沉默同样是被禁止的，必须大声说出自己的想法。

证词

此处我们援引一个被拘禁和洗脑了好几个月的大学教师的证词。一天，集中营的负责人祝贺他取得的进步，并宣布他很快会被释放。

他深知敌人的手段，没有把这个消息当真。敌人常使用的办法，是向囚犯宣布他们即将获释，然后在获释日子的前几天组织一个集体批评会。批评会结束时，常常会宣布延迟释放，理由是囚犯没有表现出全部被矫正的决定性迹象。出席批评会的心理学家说，这凸显了民族主义病毒的顽固性。

然而这一次，敌人没有要花招。这个囚犯的的确确被释放了。一出监狱，他就回到城里，与家人团聚。他颇为得意，自己扮演的角色是如此成功，骗过了敌人。他很高兴能够在民族斗争中重新就位，并已经试图联络他的上级。就在这时，一个可怕的念头闪过，刺痛了他的心。也许他谁也没有骗过，没有骗过监狱看守，没有骗过其他狱友，尤其没有骗过自己。

这场游戏该如何结束？

这种情况下，同样，我们必须消除病人的疑虑，消除他对自己的有罪推论。

精神病症状描述

A）厌恶一切集体讨论。一旦有三四个人的会面，抑制就会重新出现，病人表现出异常顽固的不信任和沉默。

B）无法说明或捍卫特定立场。病人会同时出现正反对立的想法。一切被肯定的想法，可以在同时，以同样的力度被否定。这的确是我们在这场战争中遇到的最痛苦的后遗症。强迫性人格是殖民主义在阿尔及利亚实施“心理战”的结果。

2）针对非知识分子

在像贝鲁瓦吉耶（Berrouaghia）这样的洗脑中心，他们不是从主体性出发来矫正个体的态度。相反，他们折磨肉体，以期瓦解民族意识。这是真正的矫正。给囚犯的奖赏是不施刑或允许进食。

A）必须承认自己不是民族解放阵线的成员；必须以集体形式大声说出来；必须反复说好几个小时。

B）然后，必须承认自己曾经是民族解放阵线的成员，但现在已经知道这是不对的。因此：打倒民族解放阵线。

过了这个阶段，则进入另一个阶段：阿尔及利亚的未来要依靠法国，只能依靠法国。

没有法国，阿尔及利亚会回到中世纪。

最后，我们是法国人。法国万岁。

在这种情况下出现的精神错乱，症状并不严重。不适和痛苦的是身体，需要休息和平静。

D 系列

心身障碍

阿尔及利亚的殖民地战争不仅仅增加了精神错乱的病例，也催生了一些特殊病例。除了酷刑病理学、受刑者病理学和行刑者病理学之外，阿尔及利亚还发展出一种气氛病理学：执业医师遇到他们无法理解的病症时，通常会说："等这该死的战争结束，一切就都好了。"

我们在 D 系列中整理了一些阿尔及利亚人遇到的病症，他们当中有些人被关押在集中营里。这些病症的特点是心身型的。

我们把那些由冲突情境引发的器质性紊乱[①]统称为心身病理学。之所以称其为"心身病理学"，是因为病症的决定因素来自心理。这种病理学被视作机体的一种反应方式，换句话说，就是机体去适应其遇到的冲突。错乱既是症状，

① 我们越来越少使用这种带有理想主义观念的称谓了。实际上，"皮层—内脏"的称谓沿袭自苏联——尤其是巴甫洛夫（Pavlov）——的工作成果，该术语至少有利于将大脑置于其该有的位置上，即将大脑视作孕育心理现象的子宫。

也是自我治疗的方式。更确切地说，我们一致认为机体（再次强调，此处涉及皮层—内脏的统一性，过去人们称之为心身医学）通过糟糕的，但总归是经济的方法超越了冲突。机体选择了相对最小的痛苦，以避免更大的灾难。

总体而言，这种病理现象在今天广为人知，尽管在我们看来，不同的疗法（放松疗法、催眠暗示）能否奏效，似乎完全靠运气。第二次世界大战期间，在遭遇轰炸的英国，或被包围的苏联（尤其是在斯大林格勒），有关这种错乱病例的记录倍增。今天，我们十分清楚，病人不是只有被子弹真正打伤，才会在身体和精神上感受到战争的痛苦。和所有战争一样，阿尔及利亚战争也出现了与皮层—内脏相关的病例。如果我们把下面的G组排除在外，在阿尔及利亚出现的所有错乱都是在“传统”战争中见过的。我们认为，G组似乎是阿尔及利亚殖民地战争特有的现象。这种病理现象的特殊形式（全身肌肉挛缩）在革命爆发之前就已经引发关注。可描述这种病理现象的医生将其视作土著的先天缺陷，是其神经系统的特殊之处（?），他们宣称从中找到了被殖民者锥体外系统[①]占主导地位的证明。[②] 这种挛缩实际上不过是姿势的伴生物，是被殖民者面对殖民

① ［译注］锥体外系统（système extra-pyramidal），运动系统的一个组成部分，包括锥体系统以外的运动神经核和运动传导束，由基底神经节和丘脑底核、红核、网状结构等组成，主要调节肌张力、肌肉的运动和平衡。

② 神经方面越高级，就越不是锥体外的。正如我们所见，一切似乎协调一致。

当局沉默、拒绝、肌肉僵硬的自然结果。

精神病症状描述

A）胃溃疡

为数众多。主要在夜间产生剧烈疼痛，伴有大量呕吐，消瘦，忧郁，闷闷不乐，偶有易怒现象。值得注意的是，大多数病例是 18 到 25 岁的青年。一般情况下，我们绝不建议做手术。我们做过两次胃切除手术，两个病例都在一年内复发。

B）肾绞痛

疼痛仍是在夜间达到顶点，几乎没有发现结石。这种绞痛也可能出现在 14 到 16 岁的病人身上，但并不常见。

C）妇女月经紊乱

这种病理现象众所周知，我们不会展开来说。妇女或是三四个月不来月经，或是月经期间剧烈疼痛，引起性格和行为上的反应。

D）特发性震颤导致的嗜睡症

一些年轻的成年人因为全身的轻微震颤而无法休息，这种震颤会令人联想起帕金森症。在这个问题上，一些“有科学头脑”的人可能会指出锥体外系统的决定性因素。

E）少白头

审讯中心的幸存者，他们的头发可能突然变白，可能一撮，可能一片，也可能全部变白。这种紊乱经常伴随着极度衰弱、性冷淡和性无能。

F）阵发性心动过速

心率突然加快：每分钟 120、130、140 下。心动过速引起恐慌、濒死的感觉，发作结束时表现为大量出汗。

G）全身挛缩，肌肉僵直

此处涉及男性病人，他们逐渐（有两例是突发）感到难以完成某些动作：上楼梯、快步走、跑步。障碍的原因在于一种特殊的僵硬，让人不得不联想到大脑的某些区域（中央灰质核团）受损。僵硬会以微小的幅度逐渐扩展。下肢几乎不能弯曲，完全无法放松。病人一下子就进入挛缩状态，无法进行任何自主性的放松，似乎被什么东西浇筑成了一体。脸上没有表情，但表现出一定程度的定向力障碍。

病人似乎无法“解除他的神经紧张”。他总是整个人绷紧，处于生和死之间的等待状态。他们中有一人对我们说：“你们看，我已经僵硬得像个死人了。”①

① 多余地补充一句，此处不涉及歇斯底里性挛缩。

从北非的犯罪冲动到民族解放战争

我们不应该只是为了自己人民的自由而战。在整个战斗过程中，我们应该首先让自己重新学会身为人的重要性，然后让人民重新学会身为人的重要性。我们应该回顾历史，回顾人类因他人受苦的历史，推动并实现自己的人民与其他人的相遇。

实际上，战士投身于武装战斗、民族斗争，是为了一天天地测量出人类在殖民压迫下遭受的一切贬损。有时，战士会感到精疲力竭，因为他们背负了使全体人民恢复尊严的任务，他们要把人民从井里、从洞穴中拉上来。战士常常发现，他们不仅要追击敌人，还要追击被殖民者体内凝结的绝望核心。受压迫的时期是痛苦的，可战斗在恢复被压迫者的尊严的同时，发展为一种极其丰富且具有决定性的重组过程。人民在战斗中取得胜利，不仅意味着在权力的较量中获胜，同时也使自己获得了坚实性、连贯性、同质性。因为殖民主义不光使被殖民者的个体人格解体，还在集体层面上使社会结构解体。被殖民的人民发现自己沦为个体的集合，只能从殖民者的存在中寻找自己生存的意义。

人民为获得解放而战斗，根据不同情况会导致两个后果：对于殖民地行政系统、军事占领、经济剥削灌输到人民脑海中的所谓“真理”，或是将其摒弃，或是将其引爆。这些有关人的谎言，贬低甚至完全扭曲了我们当中最有觉悟的人，只有战斗能够真正驱除这些谎言。

在巴黎或艾克斯，在阿尔及尔或巴斯特尔①，我们曾经有多少次见到被殖民者在强烈抗议，抗议所谓黑人、阿尔及利亚人、越南人生来懒惰的荒谬说法。然而在殖民体制内，一个卖力干活的农民、一个拒绝休息的黑人，难道不算是纯粹病态的个例吗？被殖民者的懒惰是对殖民机器有意识的破坏；从生物学层面上看，也是一种出色的自我保护机制，无论如何，在某种程度上延缓了殖民者对全境的控制。

森林和沼泽是被殖民者的自然同盟，一起抵御外来者深入腹地。我们必须理解这一点，停止论证和肯定黑人是辛勤的劳动者、北非阿拉伯人是出色的开垦者的说法。在

① ［译注］巴斯特尔（Basse-Terre），与东侧的格朗德特尔（Grande-Terre）构成法属瓜德罗普的双子岛，也是瓜德罗普的政府驻地，位于加勒比海小安的列斯群岛中部。

殖民体制中，北非阿拉伯人的真理、黑人的真理，就是袖手旁观，一根手指都不要动，不要帮助压迫者，使他们的掠夺变得更加容易。倘若一个被殖民者的政治觉悟尚未成熟，但已下定决心拒绝压迫，那么他的责任就是从字面意义上做最少的行动。这是不合作或起码是最低程度合作的具体表现。

这些用于描述被殖民者和劳动之间关系的意见，同样适用于被殖民者对压迫者法律的遵守、被殖民者对各种赋税的定期缴纳，以及被殖民者与殖民系统的关系。在殖民体制中，感谢、真诚、荣誉都是空话。最近几年，我验证了一个相当典型的事实：只有在民族与国际具备同质性的框架下，荣誉、尊严、信守承诺的美德才会表现出来。既然你们和你们的同类人都被当作狗一样清除，你们只能用尽一切办法来恢复自己作为人的尊严。你们应该尽可能地在施刑者身上加压，使他们不知迷失到何处的理智重回正轨。在过去几年里，我有幸看到战斗中的阿尔及利亚，以非凡的形式展现荣誉感、自我奉献的精神、对生命的热爱、对死亡的蔑视。不，我不是要歌颂战士，而是在阐述一个平凡的事实，一个即便是最狂热的殖民主义者也无法视而不见的事实：在需要保护人民和掩护兄弟战友的时候，阿尔及利亚战士会以不同寻常的方式战斗和赴死，任何对伊斯兰文化的溯源或死后上天堂的说法，都无法解释这种慷慨献身的行为。这种压迫人的沉默——肉体当然在呐喊——压垮了施刑者。此处，我们又发现了那条极为古老的法则：当民族开始前进，当人类要求并同时肯定自己的无限人性时，无论哪个成员都不可能静止不动、袖手旁观。

在殖民主义为阿尔及利亚人民判定的特点中，有关其可怕的犯罪天性的论述吸引了我们的注意力。1954 年之前，法官、警察、律师、记者、法医一致认为，阿尔及利亚人的犯罪天性已经成为问题。他们断言，阿尔及利亚人是天生的罪犯。他们提出一种理论，辅以种种科学论据。这种理论在大学里被教授了二十多年。阿尔及利亚的医学生在不知不觉间逐渐接受了这种教育。精英们在适应了殖民主义之后，也适应了关于阿尔及利亚人民具有先天缺陷的说法。天生的懒鬼，天生的骗子，天生的小偷，天生的罪犯。

我们打算在此详述这一官方理论，说明其具体内容及科学论据。接着我们会以事实为依据，试图重新阐释该理论。

*阿尔及利亚人经常杀人。*法官会对你们说，这是事实，五分之四的预审案件都和人身伤害有关。他们信誓旦旦地说，阿尔及利亚是世界上犯罪率最高的国家之一。没有轻罪犯人。阿尔及利亚人——此处适用于所有北非人——干违法的事情时，总是会走极端。

*阿尔及利亚人野蛮杀人。*首先他们喜欢用刀做武器。“熟悉这个国家”的法官就这一主题创建了一套小小的哲

学。例如卡比尔人喜欢用手枪或步枪，平原的阿拉伯人则偏爱用刀。有的法官暗自怀疑，阿尔及利亚人生来不见血不罢休。他们会对你们说，阿尔及利亚人需要感受到鲜血的温度，需要沐浴在受害者的血泊中。这些法官、警察、医生严肃地论证穆斯林的灵魂和血的关系。[①] 一部分法官甚至说，阿尔及利亚人杀人时，首选和偏爱的方式都是割喉。阿尔及利亚人的野蛮尤其表现为受害者身上数量众多的伤口，有一些伤口是死后造成的，完全没有必要。尸体剖检无可辩驳地验证了此事：伤口几乎都是致命伤，就好像凶手想要把受害者杀死无数遍。

阿尔及利亚人无故杀人。法官和警察面对杀人动机时，常常目瞪口呆：一个动作、一个影射、一句模棱两可的话、由一棵共有的橄榄树引发的口角、一只越界了半亩地的牲畜……这种凶杀案——有时是双重或三重凶杀案——背后的动机、理由追究起来，普通得令人绝望。由此产生一种印象：这个社会团体隐藏了真正的动机。

最后，阿尔及利亚人偷东西时，总是破门盗窃，有时还会引发谋杀，同时，所有案例都涉及对业主的攻击行为。

所有这些围绕阿尔及利亚人的犯罪行为展开的观点，看上去已经足够用来尝试建立一种系统学说。

---

① 我们知道伊斯兰教规定，动物的血在放空之前，教徒不得食其肉。所以伊斯兰教要求动物割喉屠宰。

在突尼斯和摩洛哥，有人曾做过类似的观察，尽管意义没有那么深远，但也证实了北非人的犯罪行为越来越成为问题。三十多年来，在阿尔及尔大学精神病学波罗[①]教授的指导下，几个团队明确了这种犯罪行为的表达模式，并对此提出社会学、功能学、解剖学层面上的解释。

我们会在此引用阿尔及尔大学精神病学学派有关这一问题的主要成果。要注意，这些二十多年来的研究成果是精神病学教授主讲课程中的内容。

就这样，从阿尔及尔大学毕业的阿尔及利亚医生都听到而且学会了一种理论：阿尔及利亚人是天生的罪犯。我甚至想起我们当中的一个人曾十分严肃地陈述这些学到的理论，还补充说："虽然难以承认，但这是科学定论。"

北非人是罪犯，他们的捕食者本能众所皆知，他们巨大的攻击性有目共睹。北非人喜欢走极端，因此绝不能完全信任他们。今天是生死与共的朋友，明天就可能是不共戴天的敌人。他们无法感知细微的差异，对笛卡尔主义一窍不通，平衡、冷静、节制的概念与他们最内在的秉性相抵触。北非人是粗暴的，从祖上遗传下来的粗暴。他们无法遵守纪律，无法疏导自己的冲动。是的，阿尔及利亚人天生冲动行事。

---

① ［译注］安托瓦·波罗（Antoine Porot，1876—1965），阿尔及尔大学医学院神经精神病学教授，阿尔及尔精神病学大学的创建者，"原始主义"（primitivisme）理论创始人，认为北非土著处于原始人与进化的欧洲人中间的状态。

阿尔及尔学派明确指出，这种冲动是极具攻击性的，而且通常带有杀人倾向。只有这样，他们才能够解释患抑郁症的阿尔及利亚人不合常规的行为。在阿尔及利亚行医的法国精神科医生面临一个棘手的问题：通常，他们要预防患抑郁症的病人自杀，患抑郁症的阿尔及利亚人却杀人。抑郁症这种心理意识疾病始终伴随着自我谴责和自我毁灭的倾向，可在阿尔及利亚人身上，却表现为毁灭他人的形态。患抑郁症的阿尔及利亚人不会自杀。他会杀人。波罗教授曾充分研究过这种有杀人倾向的抑郁症，他的学生蒙塞罗（Monserrat）后来在论文中进行了详细阐述。

那么阿尔及尔学派是如何解释这种异常的呢？他们说，首先，自杀是回归自我、是凝视自我、是反省自我。然而阿尔及利亚人抗拒内心生活。北非人没有内心生活。相反，北非人摆脱烦恼的方式是攻击身边的人。他不具备分析意识。既然抑郁症从定义上来说是一种心理意识疾病，那么很显然，阿尔及利亚人只会产生假性抑郁症，因为众所周知，阿尔及利亚人意识不稳定、道德观念薄弱。如果我们参照法国精神病学家提出的两类因果关系，就能完全理解为何阿尔及利亚人无法分析形势、无法组织精神面貌。

首先有关心智能量。阿尔及利亚人是头号低能儿。要了解这一事实，我们必须回到阿尔及尔学派建立的症候学上去。他们提到，土著表现出以下特征：

——缺乏或几乎缺乏情绪易感性；

——轻信且极易受煽动；

——难以动摇的顽固；

——心理幼稚，不如西方儿童有好奇心；

——容易发病和出现心理暗示反应。[①]

阿尔及利亚人感知不到整体。他们提出的问题总是和细节有关，排除一切综合看法。他们是点彩派[②]，紧扣物体不放，迷失在细节中，对思想无动于衷，对概念极为抗拒。语言表达缩减到最低程度。动作总是冲动和挑衅的。阿尔及利亚人无法从整体出发来解释细节，只会把个别因素绝对化，把部分当作整体。因此，当他们遇到小部分刺激，甚至是一些无关紧要的事物时——例如一棵无花果树、一个手势、一只误闯进自己地里的绵羊——都会做出全面反应。与生俱来的攻击性，只要最微不足道的借口，就能找到宣泄的途径。这是一种纯粹状态的攻击性。[③]

阿尔及尔学派跳过了描述阶段，直接进入说明阶段。

---

① A. 波罗教授（Professeur A. Porot），《心理医学年鉴》（*Annales médico-psychologiques*），1918 年。

② ［译注］点彩派（Pointilliste），又称新印象派，19 世纪 80 年代后期由一群深受印象派影响的画家掀起的技法革新。他们不用轮廓线勾画形象，而是用点状的笔触，让无数小色点在观者视觉中混合，从而构成色点组成的形象。

③ 在阿尔及尔一个法庭审判长的口中，这种阿尔及利亚人的攻击性表现为对阿拉伯骑兵骑术表演的热爱。他曾在 1955 年说："我们认为这整个起义是政治性的，那是大错特错。起义是因为阿尔及利亚人需要时不时把他们对战斗的喜爱发泄出来！"人种学家认为，设立一系列的测试和投射游戏来疏导土著的全体攻击本能，本可以终止 1955—1956 年在奥雷斯山区的这场革命。

1935年，法语地区精神病学与神经内科医生大会在布鲁塞尔举行，波罗医生就是在这次大会上定义了其理论的科学依据。在讨论巴鲁克（Baruk）有关歇斯底里症的报告时，他指出："北非土著的高级神经活动和大脑皮层活动发育不良，是一种原始生物，他们那种植物神经和本能性的生命尤其受到间脑的控制。"

为了正确评估波罗教授的这一重大发现，此处必须略作提醒，人类和其他脊椎动物的区别在于人类大脑的皮质化。间脑是人类大脑最原始的部分之一，人首先是受大脑皮质支配的脊椎动物。

波罗教授认为，北非土著的生活受间脑部分的支配。这等于是在说，就某种意义而言，北非土著是没有大脑皮层的。波罗教授没有回避这个矛盾，他与他的学生，今天在阿尔及尔教授精神病学的苏泰教授（Sutter）合作，于1939年4月在《南方医学和外科》（*Sud médical et chirurgical*）上发表了一篇文章，明确指出"原始主义（primitivisme）不是说没有成熟，也不是说在智力心理发展过程中出现了明显的停滞。原始主义是一种演化完成的社会条件，以符合逻辑的方式适应于一种不同于我们的生命"。最后，作者提及学说基础本身："这种原始主义不仅是在特殊教育下产生的一种方式，它还有更深层的基础，我们甚至认为，它的基质存在于结构设计的特殊布局，至少是神经中枢动力分层化上的特殊布局。"正如人们所见，阿尔及利亚人的冲动性，他们杀人的频率和特点，他们永远的犯罪倾向，他们的原始主义，这些都并非偶然。我们所面对的，是一种协调一致的行为，一种可以用科学来解释的协调一致的生命。阿尔及利亚人没有大脑皮层，或更确切地说，他们像低等脊椎动物那样受间脑控制。大脑皮层即便存在，其作用也是十分微弱的，几乎没有被整合到生存的动力中。因此，这里既不神秘也无悖论。要把一项责任托付给土著，殖民者会迟疑，这不是出于种族主义或家长作风，而单纯是出于对被殖民者在生物学上可能性受限的科学判断。

我们可以请教世界卫生组织的专家，卡罗泰尔（Carothers）博士，以他有关非洲的论述作为此番回顾的结论。这位国际专家在一本1954年出版的书中[①]，记录了其观察报告的要点。

卡罗泰尔博士在中非和东非行医，可他的结论却印证了北非学派的观点。这位国际专家认为，“非洲人很少使用他们的额叶。非洲精神病学的所有特点，都可以和极少使用额叶的现象联系起来”[②]。

为了更好地向读者说明，卡罗泰尔博士做了一个十分

---

① 卡罗泰尔，“非洲人正常及病态心理学”（Psychologie normale et pathologique de l'Africain），《人种精神病学研究》（*Études ethno-psychiatrique*），日内瓦：世界卫生组织。

② 同上书，第176页。

生动的比较。他提出，正常的非洲人就是个“做了额叶切除术的欧洲人”。我们知道，盎格鲁-撒克逊学派一度认为，切除一大部分大脑是某些严重精神病的根本疗法。实施额叶切除术后，病人出现了严重的人格异常现象，该疗法被迫停止。在卡罗泰尔博士看来，正常的非洲土著和做了额叶切除术的欧洲人之间存在惊人的相似之处。

卡罗泰尔博士研究了在非洲行医的不同医生的成果，向我们提出一个结论，奠定了关于非洲人的统一概念。他写道：“这些病例资料不涉及欧洲人的类别。它们是在东非、西非、南非的不同地区收集到的，总体而言，每个作者对其他人的研究成果都知之甚少，甚至一无所知。因此，这些成果的基本相似性十分引人注目。”①

在结束之前，我们还要指出，卡罗泰尔博士把茅茅运动定义为失望情结的无意识表达，通过大规模的心理调适，可以在科学上避免这种情结再度出现。

因此，不寻常的行为——阿尔及利亚人的犯罪频率，犯罪动机的微不足道，争吵打架总是带有高度血腥味和致命性的特质——向观察员们提出了一个问题。对问题的解释已经变成了教材上的内容，大致可以归结如下：北非人大脑结构的布局，同时解释了土著的懒惰、其智力和社会

① 卡罗泰尔，“非洲人正常及病态心理学”，《人种精神病学研究》，日内瓦：世界卫生组织，第178页。

层面的无能，及其近乎动物般的冲动。北非人的犯罪冲动是神经系统的某种配置在行为模式上的表现。这是一种在神经学上可以被理解的反应，属于事物的本性，是生物学上被组织起来的“东西”。额叶没有融入大脑活动，这就是懒惰、犯罪、盗窃、强奸、说谎的原因。这个定论来自一位副省长（今天已经是省长）对我说的话：“我们必须用严格和无情的框架，限制住这些盲目遵从自己本性法则的自然人。必须驯服本性，而不是去说服本性。”殖民者在占领地上使用最多的词汇，是教育、训练、制服，还有今天的安抚。

我们之所以转述了那么多殖民主义科学工作者提出的理论，不只是为了表现他们思想的贫瘠和荒谬，更多的是要讨论一个在理论和实践上都极为重要的问题。其实，在围绕着革命提出的问题中，在出于政治启蒙和认清真相的目的而组织的话题中，阿尔及利亚人的犯罪问题并不是重点。可围绕这一主题所展开的讨论却如此丰富，使我们得以深入并更明确地勾勒出个人和社会解放的概念。在革命实践中，当我们开始在干部和战士面前讨论阿尔及利亚人的犯罪问题时；当我们列举革命之前重罪、轻罪、盗窃等案件的平均数量时；当我们解释说一起案件的面貌、犯罪的频率和男人与女人之间、个人与国家之间的关系有关，而且大家都听明白了时；当我们目睹阿尔及利亚人或北非人生来就是罪犯的概念——这个概念被钉在阿尔及利亚人的意识中，因为毕竟“我们爱发怒，爱打架，是坏蛋……生来如此……”——解体崩溃时，那么，是的，我们可以说，革命进步了。

重要的理论问题，是必须随时随地阐明、揭露、驱赶自己身上对人的侮辱。我们不应该等待民族产生新的人，不应该等待人在不断的革命变革中不知不觉地转变。没错，这两个过程都很重要，但我们应该为意识的觉醒助一臂之力。革命实践若要具备全面的解放性和无比的丰富性，就不能存在短板。我们感到有一股特殊的力量推动我们必须将事件整体化，着手一切，解决一切，负责一切。意识并不反感走回头路，如果需要的话，可以原地踏步。这也是为何战斗部队在推进战线时结束一场伏击并不意味着休息，这恰恰是使意识更进一步的良机，因为一切都要齐头并进。

是的，阿尔及利亚人自然而然地认为法官和警察说得有道理。① 从自恋层面上看，阿尔及利亚人的犯罪行为曾被视作男子气概的真正表现，今天，我们必须将这一问题置于殖民历史的层面上重新考虑。例如，我们要指出，阿

① 况且，很显然，这种由欧洲人创造出来的形象认同是十分矛盾的。欧洲人似乎以同样矛盾的情绪看待阿尔及利亚人，说他们暴力、偏激、粗鲁、嫉妒、自负、傲慢，会为了一件小事、一句话赌上自己的性命。我们顺便还要指出，与在法国的法国人相比，在阿尔及利亚的欧洲人越来越向这个与法国人相反的阿尔及利亚人形象靠拢。

尔及利亚人在法国的犯罪行为从根本上而言，不同于阿尔及利亚人在殖民剥削下的犯罪行为。

第二件事应该引起我们的注意：在阿尔及利亚，阿尔及利亚人的犯罪行为主要发生在自己人的圈子里。阿尔及利亚人相互偷窃，相互打架，相互杀人。在阿尔及利亚，阿尔及利亚人很少攻击法国人，避免与法国人吵架。然而在法国，移民会实施跨社会、跨群体的犯罪行为。

在法国，阿尔及利亚人的犯罪行为减少了。犯罪主要针对法国人，动机也变得完全不同。一个反常的现象能让我们帮助战士们认清真相：我们发现，自 1954 年以来，涉及普通法的犯罪行为几乎消失了。不再有争吵，不再因为鸡毛蒜皮的小事置人于死地。不再因为我妻子的额头或左肩被邻居看到而大发雷霆。民族斗争似乎疏导了所有怒火，把所有的情感活动都民族化了。法国的法官和律师已经发现这一点，但我们必须让战士们也意识到这一点，必须引导他们了解背后的原因。

现在就差解释了。

是否应该说，战争作为最终社会化的攻击性的最佳表达场所，会将与生俱来的杀人行动导向占领者那边？我们常常看到，社会大动荡会降低轻罪及精神错乱发生的频率。这场战争将阿尔及利亚一分为二，把司法和行政管理机器抛给敌方，我们完全可以借此来解释阿尔及利亚人犯罪行为减少的现象。

然而，在已经解放的马格里布①国家，那些出现在解放斗争过程中的反常现象，在独立后仍继续维持，且逐渐明朗化。这么看来，殖民环境足够独特，使我们能够重新诠释犯罪行为。这就是我们为战士们所做的。今天，在我们国家，所有人都知道，犯罪行为不是源自阿尔及利亚人的天性，抑或是要归咎于其神经系统的构造。阿尔及利亚战争、民族解放战争，使真正的主角涌现出来。前文中已经提到，在殖民情境中，土著和自己人相处。他们逐渐充当彼此的屏幕。在屏幕后，他们向对方隐藏了真正的民族敌人。在一天 16 个小时的辛勤工作后，被殖民者累得倒在席子上，一个小孩的哭声透过布帘隔墙传过来，让他无法入眠，仿佛是出于偶然，这是个阿尔及利亚小孩。他去杂货店央求店主赊一点粗面粉或油——他已经在店里欠了几百法郎——却遭到拒绝，他感到一股巨大的仇恨和强烈的杀人欲望席卷了全身，这个杂货店主是阿尔及利亚人。他躲了当地的司法行政长官好几个星期，有一天却还是被对方堵住，要他交“税”，他甚至来不及去恨欧洲人长官，当

① ［译注］马格里布（عربي مغرب，Maghreb），古代原指阿特拉斯（Atlas）山脉至地中海海岸之间的地区，后逐渐成为阿尔及利亚、摩洛哥和突尼斯三国的代称。该地区历史上受地中海文明和阿拉伯文明的影响，同时又与撒哈拉沙漠以南非洲保持密切的贸易往来，因此形成了独特的文化。1989 年成立的阿拉伯马格里布联盟包括阿尔及利亚、摩洛哥、突尼斯、利比亚和毛里塔尼亚，秘书处设在摩洛哥的拉巴特。

地长官就站在他面前，激起他的仇恨，这个长官是阿尔及利亚人。

土著每天都会产生杀人的念头：饥肠辘辘，未付房租而被扫地出门，母亲没有奶水，孩子骨瘦如柴，工地关门，失业者像乌鸦一般在工头身边游荡，到了后来，土著甚至把自己的同类视作死敌。如果他光着脚走路，被路上的一块石头擦破了皮，一定是土著把石头放在那儿的。他留着树上的几颗橄榄，准备过几天摘，却在夜里被 X 的孩子偷吃了。是的，在殖民时期，在阿尔及利亚和其他地方，为了一公斤粗面粉，人们可以干出许多事，可以杀好几个人。要理解这些事，必须具备想象力，或记忆力。在集中营，人们为了一块面包互相残杀。我想起一个可怕的场景，那是 1944 年在奥兰（Oran）的时候，我们在军营门口等着上车，士兵们把几块面包扔给周围的阿尔及利亚小孩，他们疯狂地争夺，仿佛彼此是仇人。兽医要解释这个现象，也许会提起在养鸡场观察到的著名的“啄序”[①] 理论。丢给鸡的玉米会导致一场你死我活的竞争。最强壮的鸡吞食所有谷物，另一些不太好斗的鸡则肉眼可见地变瘦。所有殖民地都渐渐变成一个巨大的养鸡场，一个巨大的集中营，在那里，刀是唯一的法律。

---

① ［译注］啄序（peck order），啄食顺序的简称，指鸟类动物通过啄咬的动作来区分彼此地位的高低，获取优先权和较高地位等级。

在阿尔及利亚，自民族解放战争以来，一切都变了。一个家庭或一个村庄的全部存粮，可以在一个晚上供给路过的一个连。家里唯一的毛驴可以借出去运送伤员。几天之后，主人得知他的牲口死于飞机扫射中，他不会大声咒骂，肆意威胁。他不会质疑牲口的死，反而会不安地询问伤员是否安然无恙。

在殖民体制中，为了一公斤面包和一只微不足道的绵羊……人们什么事都干得出来。在殖民时期，人与物质的关系、与世界的关系、与历史的关系，都是人与食物的关系。对被殖民者而言，在像阿尔及利亚这样的受压迫环境中，活着丝毫不是为了体现价值，也不是为了投身于世界协调且丰富的发展。活着就是避免死亡。生存就是维续生命。每一个椰枣都是一场胜利。这种胜利不是劳动的成果，而是感受到生命的延续。因此，偷椰枣，或放任自己的绵羊到邻居家的地里吃草，这不是否定别人的所有权，也不是违反或践踏法律，这是在企图杀人。要理解为何我们说偷窃是企图杀人，而不仅仅是不友善或不法的行为，只需要到阿尔及利亚的卡比利亚（Kabylie）山区去看一看，那里的男男女女花好几个星期到谷底找土，然后用小筐一点点运上去。他们唯一的念想是越来越萎缩的胃，尽管这胃要的越来越少，还是得满足胃的需求啊。怪谁呢？法国人和警察、军队、坦克一起待在平原。山上只有阿尔及利亚人。上面是上天及其对人死后的抽象承诺，下面是法国人及其对现世的具体承诺：监狱、警棍、行刑。人们注定只能靠自己。我们在这里发现了自我仇恨的核心，这种核心构成了种族隔离社会中根本冲突的特点。

阿尔及利亚人的犯罪，他们的冲动，他们杀人的暴力行为，不是其神经系统构造的结果，也不是他们天性如此，而是殖民情境的直接产物。阿尔及利亚战士讨论过这个问题，他们不害怕质疑殖民主义灌输到他们头脑中的信仰，他们明白了每个人都是投射了他人的屏幕，如果一个人扑向另一个人，实际上就意味着他在自杀，这些在革命觉悟中应该具有根本的重要性。再说一遍，被殖民者战斗的目的是结束殖民统治，但被殖民者还应该注意清除殖民压迫在他们身上安插的一切不真实。我们在阿尔及利亚看到的殖民体制中，殖民主义宣扬的思想不仅影响了占人口少数的欧洲人，也影响了阿尔及利亚人。完全解放是指人格的全方位解放。埋伏或交火，拷打或杀害其兄弟，只会增强被殖民者胜利的决心，唤醒尚未觉悟者，滋养想象力。当整个民族都动起来的时候，新的人类就不是这个民族的后天产物，而是与这个民族共存，与民族共同发展、共同胜利。这个辩证的要求足以解释被殖民者为何对量身打造的殖民化和流于表面的改革持保留态度。独立不是一个要被驱逐的词，而是真正获得解放的男女们生存的必要条件，他们会成为所有物质手段的主人，使社会的彻底变革成为现实。

结　论

来吧，同志们，最好现在就决定改变立场。我们曾身陷沉沉黑夜，现在必须撼动黑夜，冲出黑夜。沐浴在新的曙光中，我们应该意志坚定，深思熟虑，一往无前。

我们要离开梦境，抛弃我们陈旧的信仰和过去的友谊。不要把时间浪费在那些枯燥无味的絮叨或令人作呕的模仿上。让我们离开欧洲，它一面无休无止地谈论人类，一面到处屠杀所遇到的人类，在它自己街道的每个角落，在全世界的每个角落。

几个世纪以来，欧洲阻碍了其他人类的进步，使他们沦为奴隶，为自己的目的和荣耀服务；几个世纪以来，欧洲借所谓“精神冒险”之名，压制了几乎全部人类。看看今天的欧洲吧，它在原子的裂变和精神的裂变之间摇摆。

然而，在实践层面上，我们可以说，欧洲取得了完全意义上的成功。

欧洲热切粗暴、厚颜无耻地领导世界。它竖起高塔，其投下的阴影不断延伸，不断增加。欧洲的每次移动都打破空间和思想的界限。欧洲拒绝一切谦逊、一切朴实，同样也拒绝一切关心、一切温柔。

它只对人类表现出精打细算、斤斤计较的一面，只对人类表现出食肉者、杀人犯的一面。

因此，兄弟们，我们怎么可能不明白，比起跟随欧洲，我们有更好的事要做？

这个欧洲不断谈论人类，宣称自己只关心人类，今天我们知道，为了它每一次精神的胜利，人类付出了何等痛苦的代价。

来吧，同志们，欧洲的把戏已经玩完了，得要另找出路。今天，只要不一味模仿欧洲，只要不一门心思赶超欧洲，别的我们都可以干。

欧洲现在的速度已然失控，变得疯狂又无序，没有任何司机、任何理智可以让它停下来，它以令人眩晕的疯狂速度滑向深渊，我们应该尽快离得远一些。

然而，我们的确需要一个榜样、一些样板、一些范例。我们当中有许多人认为，欧洲的榜样是最令人振奋的。然而，我们在前面的章节中已经看到，这种模仿没有让我们达成所愿，反而是无比失望。我们不应该继续迷恋欧洲的成就、欧洲的技术、欧洲的风格，使自己失去平衡。

当我在欧洲的技术和风格中寻找人类的时候，我看到的是一连串对人的否定，是大量的杀戮。

人类的条件，人类的计划，人与人之间的合作，目的都是为了提升人类整体，这些是新问题，需要真正的创新。

下定决心，不要再模仿欧洲了，将我们的肌肉和头脑集中到新的方向上吧。让我们努力创造欧洲未能成功实现的完整人类吧。

两个世纪以前，一个原欧洲殖民地迎头赶上欧洲。美国是如此成功，以至于它变成了一只怪兽，继承了欧洲的缺点、疾病和不人道，且将其推至恐怖的程度。

同志们，除了制造第三个欧洲之外，难道我们就没有别的事可干了吗？西方想进行一场精神冒险。它以精神的名义，确切地说，是以欧洲精神的名义，为自己的罪行辩护，使自己奴役地球上五分之四人口的行为正当化。

是的，欧洲精神的基础颇为古怪。欧洲的所有思考都发生在越来越荒芜、越来越陡峭的地方。在那里，能遇见的人越来越少，渐渐就成了习惯。

总是和自己发生的对话，变得越来越令人作呕的自恋，这些都孕育了几近谵妄的思想状态，脑力活动变成一种折磨。现实不再是人们活着、工作、创造的样子，现实是一些词，词的不同组合，以及词义产生的张力。的确，有些欧洲人曾敦促欧洲的劳动者打破这种自恋，摆脱这种失实症。

但欧洲的劳动者普遍没有响应这些号召。因为他们也相信，自己和那场奇妙的欧洲精神冒险相关。

能够解决人类重大问题的所有要素，都曾出现在不同时期的欧洲思想中。但是欧洲人的行动没有完成属于他们的历史任务，即奋力思考这些要素，调整其结构与位置，改变这些要素，最终将人的问题提升到一个无可比拟的最高水平。

今天，我们亲眼见证了欧洲的停滞。避开吧，同志们，避开这种静止不动的状态。在这种状态中，辩证法渐渐成了平衡的逻辑。让我们重新审视人的问题。让我们重新审视大脑现实的问题，即所有人类的大脑总和问题，我们要增加人类的联结，丰富沟通渠道，使彼此的讯息重新变得人性化。

来吧，兄弟们，我们不能再沉湎于过时的游戏，我们面前有太多的工作要做。欧洲做了它该做的，且总归做得还不错；不要再指责欧洲，而是坚定地对它说，它没有权力继续这样大声喧哗了。我们不再害怕欧洲，因此也不需要再羡慕欧洲。

今天，站在欧洲对面的第三世界就像一个巨人，其目标应该是努力解决欧洲未能找到答案的那些问题。

但是要注意，问题的关键不在于谈效益、谈产量、谈速度。当然，这也不意味着我们要回归自然。具体来说，这里是指不要把人类带到会受到伤害的方向上去，不要在他们的头脑中强加节奏，使大脑很快闭塞和错乱。不应该以追赶为借口，使人陷入混乱，使人脱离自己、脱离自己的内心，使人精疲力竭，甚至累死。

不，我们不想追赶任何人。但我们想要时刻前进，夜以继日，在人的陪同下，在所有人的陪同下前进。关键是不要把队伍拉得太长，因为如果每一排都几乎看不见前一排的人，那么人们就会互不相识，见面和交谈的机会也会越来越少。

第三世界需要重写人的历史，既要考虑有时受欧洲支持的惊人议题，也要考虑欧洲的罪行，其中最可怕的是，在个人的内部，身体机能的病变与人格的分裂；在集体内部，由不同阶级造成的裂痕、分层及血腥的压力；最后，在全人类的宏大范围内，因为将 15 亿人排除在外所导致的种族仇恨、奴役、剥削，尤其是血流成河的种族灭绝。

因此，同志们，不要再学习欧洲建立国家、体制、社会，因为这仍是在向欧洲纳贡。

人类对我们的期待，不是这种可笑的、整体而言下流的模仿。

如果我们要把非洲改造成一个新欧洲，把美洲改造成一个新欧洲，那不如把我们国家的命运交到欧洲人手里。他们会比我们当中最有才干的人做得更好。

但是如果我们想要人类前进一步，如果我们要把人类带到一个与欧洲人的表现不同的水平，那就需要创新，需要发现。

如果我们想回应人民的期待，就必须到欧洲以外的地方找答案。

更进一步，如果我们想要回应欧洲人的期待，就不应该给他们呈现一个他们社会和思想的倒影，即便这个倒影是理想的，他们也会时不时地对此感到无比的厌恶。

为了欧洲，为了我们自己，为了全人类，同志们，我们必须改头换面，必须发展出新的思想，必须试着创造出全新的人。

图书在版编目（CIP）数据

全世界受苦的人 /（法）弗朗兹 · 法农著；汪琳译. — 上海：东方出版中心，2022.11
ISBN 978-7-5473-2088-4

Ⅰ. ①全… Ⅱ. ①弗… ②汪… Ⅲ. ①欧洲 – 殖民统治 – 非洲 – 社会影响 – 研究 Ⅳ. ①K404

中国版本图书馆CIP数据核字（2022）第204390号

全世界受苦的人

著　　者　[法]弗朗兹 · 法农
译　　者　汪　琳
责任编辑　陈哲泓　时方圆
装帧设计　陈绿竞

出版发行　东方出版中心有限公司
地　　址　上海市仙霞路345号
邮政编码　200336
电　　话　021-62417400
印 刷 者　上海万卷印刷股份有限公司

开　　本　890mm × 1240mm　1/32
印　　张　9.75
字　　数　158千字
版　　次　2022年11月第1版
印　　次　2022年11月第1次印刷
定　　价　55.00元